新时代高校学生管理中思想政治教育理论与实践研究

丰娴静 著

吉林大学出版社

·长春·

图书在版编目（CIP）数据

新时代高校学生管理中思想政治教育理论与实践研究／丰娴静著.--长春：吉林大学出版社，2022.3
ISBN 978-7-5768-0813-1

Ⅰ.①新… Ⅱ.①丰… Ⅲ.①高等学校—思想政治教育—研究—中国 Ⅳ.①G641

中国版本图书馆 CIP 数据核字 (2022) 第 192054 号

书　　名	新时代高校学生管理中思想政治教育理论与实践研究 XINSHIDAI GAOXIAO XUESHENG GUANLI ZHONG SIXIANG ZHENGZHI JIAOYU LILUN YU SHIJIAN YANJIU
作　　者	丰娴静　著
策划编辑	殷丽爽
责任编辑	董贵山
责任校对	单海霞
装帧设计	李文文
出版发行	吉林大学出版社
社　　址	长春市人民大街4059号
邮政编码	130021
发行电话	0431-89580028/29/21
网　　址	http://www.jlup.com.cn
电子邮箱	jldxcbs@sina.com
印　　刷	天津和萱印刷有限公司
开　　本	787mm×1092mm　1/16
印　　张	11.75
字　　数	200 千字
版　　次	2023年1月　第1版
印　　次	2023年1月　第1次
书　　号	ISBN 978-7-5768-0813-1
定　　价	72.00元

版权所有　翻印必究

作者简介

丰娴静，女，1975年6月生，副教授，硕士研究生，徐州幼儿师范高等专科学校马克思主义学院教师，中国矿业大学公共管理学院在读博士生，主要研究方向：思想政治教育教学、教育经济管理、高校学生管理。近年来主要讲授思想道德与法治、毛泽东思想和中国特色社会理论体系概论等课程，独立撰写在《当代教育科学》《江苏教育研究》等期刊上发表论文10余篇，获得"江苏省高校青蓝工程青年骨干教师"荣誉称号，主持完成厅市级课题9项，参与省部级项目多项，参与完成横向课题多项，参编教材多部。

前　言

随着全球化进程的推进,西方不良思潮对我国大学生的价值观、人生观和世界观造成的冲击越来越大,对高校思想政治教育工作提出了新的要求。而高校学生教育管理旨在规范大学生群体日常行为,进而为学校内部各项工作顺利实施提供保障。因此,目前高校在开展教育工作时,应当将学生的教育管理工作与思想政治教育融合起来,促进学生的健康成长。

本书第一章为我国高校学生管理的现状分析,主要介绍了四个方面的内容,依次是新时代高校学生管理的概况、新时代高校学生思政教育存在主要问题及原因分析、新时代高校学生管理中思想政治教育面临的挑战、新时代高校学生管理与思想政治教育融合的路径;本书第二章为高校学生思想政治教育理论概述,主要从四个方面进行了阐述,分别是高校思想政治教育的概念、高校思想政治教育的目标与任务、高校学生管理中思想政治教育的基本原则、新时代高校学生思想政治教育的理论基础;本书第三章为新时代大学生思想政治教育的创新发展,主要从大学生思想政治教育观念的创新、大学生思想政治教育内容的创新、大学生思想政治教育载体的创新、大学生思想政治教育方法的创新四个方面进行了介绍;本书第四章为多维度视域下的大学生思想政治教育,分别对"课程思政"视域下的思想政治教育、"三全育人"视域下的思想政治教育、协同育人视域下的思想政治教育、新媒体视域下的思想政治教育进行了阐述;本书第五章为新时代高校思政育人体系的构建,主要介绍了四个方面的内容,依次是高校思政育人体系概述、高校思政育人体系建设的时代特征与价值、新时代高校思政育人体系构建面临的困境、新时代高校思政育人体系构建策略;本书第六章为新时代高校思政教育评价体系的构建,主要介绍了四个方面的内容,依次是思想政治教育评价体系存在的问题、新时代高校思政教育评价体系的特征与内涵、新时代高校思政教育评价体系的原则、新时代高校思政教育评价体系的内容;本书第七章为高校思想政治理论课教学的实践探索,主要从高校思想政治理论课的实践教学、"互联网+

思想政治教育"的实践探索、信息技术在思想政治教育中的应用、中华优秀传统文化融入高校思想政治教育的实践探索四个方面进行了论述。

  在撰写本书的过程中,笔者得到了许多专家学者的帮助和指导,参考了大量的学术文献,在此表示真诚的感谢!本书内容系统全面,论述条理清晰、深入浅出,由于笔者水平有限,书中难免会有疏漏之处,希望广大同行及时指正。

作者

2021 年 12 月

目 录

第一章 我国高校学生管理的现状分析 1
  第一节 新时代高校学生管理的概况 1
  第二节 新时代高校学生思政教育存在的主要问题及原因分析 3
  第三节 新时代高校学生管理中思想政治教育面临的挑战 11
  第四节 新时代高校学生管理与思想政治教育融合的路径 13

第二章 高校学生思想政治教育理论概述 19
  第一节 高校思想政治教育的概念 19
  第二节 高校思想政治教育的目标与任务 22
  第三节 高校学生管理中思想政治教育的基本原则 26
  第四节 新时代高校学生思想政治教育的理论基础 38

第三章 新时代大学生思想政治教育的创新发展 45
  第一节 大学生思想政治教育观念的创新 45
  第二节 大学生思想政治教育内容的创新 48
  第三节 大学生思想政治教育载体的创新 53
  第四节 大学生思想政治教育方法的创新 58

第四章 多维度视域下的大学生思想政治教育 61
  第一节 "课程思政"视域下的思想政治教育 61
  第二节 "三全育人"视域下的思想政治教育 78

第三节　协同育人视域下的思想政治教育 …………………………… 89
　第四节　新媒体视域下的思想政治教育 ……………………………… 101

第五章　新时代高校思政育人体系的构建 ……………………………… 109
　第一节　高校思政育人体系概述 ……………………………………… 109
　第二节　高校思政育人体系建设的时代特征与价值 ………………… 114
　第三节　新时代高校思政育人体系构建面临的困境 ………………… 118
　第四节　新时代高校思政育人体系构建策略 ………………………… 124

第六章　新时代高校思政教育评价体系的构建 ………………………… 151
　第一节　思想政治教育评价体系存在的问题 ………………………… 151
　第二节　新时代高校思政教育评价体系的特征与内涵 ……………… 154
　第三节　新时代高校思政教育评价体系的原则 ……………………… 157
　第四节　新时代高校思政教育评价体系的内容 ……………………… 158

第七章　高校思想政治理论课教学的实践探索 ………………………… 161
　第一节　高校思想政治理论课的实践教学 …………………………… 161
　第二节　"互联网+思想政治教育"的实践探索 ……………………… 163
　第三节　信息技术在思想政治教育中的应用 ………………………… 167
　第四节　中华优秀传统文化融入高校思想政治教育的实践探索 …… 169

参考文献 …………………………………………………………………… 175

第一章 我国高校学生管理的现状分析

本章为我国高校学生管理的现状分析，主要介绍了四个方面的内容，依次是新时代高校学生管理的概况、新时代高校学生思政教育存在主要问题及原因分析、新时代高校学生管理中思想政治教育面临的挑战、新时代高校学生管理与思想政治教育融合的路径。

第一节 新时代高校学生管理的概况

一、管理内容缺乏创新

虽然有很多学生管理工作者能够设计运用微媒体开展工作，但是由于技术能力不强、时间精力有限、资金投入不足等原因，致使在所运行的平台中展示的内容较为简单，枯燥无味，且更新的速度较慢，难以满足学生的实际需求，结果导致访问量低下，学生关注度不高。如：各院系学生会组织虽然都开通了微博平台，但是内容陈旧且更新较慢，学生关注人数较少，没有在院系得到普及；有的微媒体平台板块设计较少，比较单调，且发布的内容主要以大篇章文字为主，阅读耗时费劲，枯燥无味，难以吸引学生的注意力；有的微信公众号自注册以后便只有只字片语，彻底沉默了，更谈不上内容创新了；有的微媒体平台只是将学校新闻简单地复制粘贴，很少有新的内容，且缺少互动，流失了许多"粉丝"。另外，虽然辅导员、班主任等学生管理工作的老师也采用加入学生QQ群、微信群等形式来进行学生管理工作创新，有些任课教师也加入了学生的微媒体平台，但是不论是学生管理工作人员还是任课教师在其中活跃度不高，发布的内容除了简单的师生间的问候语外，更多的只是发布一些文件通知、处理班级事务、简单的学生答疑等，没有达到有利于学生管理工作更好开展的目的。

二、管理方式比较松散

虽然学校意识到微媒体的重要作用，也在实践中不断改进工作方法，但是对于微媒体的运用，仍然缺乏统一规划，管理方式也比较松散。如：有些微信公众号发出来的信息不精准，出现了主题模糊无界、内容杂乱无序、质量良莠不齐等现象；有的微博对学生反馈的信息收集、整理不及时，只发挥了传播信息的功能，没有很好地实现交流、管理、服务的功用；还有一些平台属于学生自发自愿行为，缺乏组织性，且缺少统一的规划和管理，使得学生管理工作者难以充分利用并实现管理功能。而为了持续发挥微媒体在学生管理中的作用，就需要学校投入大量的人力、物力、财力对校园各类微媒体进行长期管理、维护，而这个过程难以在短时间内实现，这也是目前难以实现统一规划管理的重要原因。归根结底，管理方式松散主要是因为学校缺乏全方位的统筹规划，且所运用的微媒体不能构建成一个相互补充、相互融合的体系。

三、管理平台定位不明确

随着微媒体的普及，学校、院系、学生组织等都有了自己的微博、微信平台，但是却缺乏统一的学生管理工作平台，且这些平台在应用中由于定位不准确而没有受到学生的广泛关注，因而在学生管理工作中的应用效果也不明显。第一是定位内容比较狭窄，有些平台仅仅侧重于学生管理工作的某一个方面，如以招生、就业为主题的某些高校官方微信公众号等，这些平台设计定位的受众群体只是学生中的少部分群体，难以发挥其在全体学生中的影响力。第二是定位姿态比较高，有些平台较官方，如某些高校官方微博平台，推送和发布的信息语境较官方，缺少与学生平等自由交流的环境，难以发挥微媒体的互动性作用。第三是定位角色比较模糊，有些平台只是信息的简单重复，在自己平台内容的构建上缺少了清晰的定位，且对于平台中的学生受众群体的需求把握不到位，难以发挥微媒体在学生管理工作中的作用。

四、管理队伍水平有待提升

目前，很少有院校设置运用微媒体开展学生管理工作的机构及配置专职人员，运用微媒体进行高校学生工作管理的队伍还未成型。长沙商贸旅游职业技术学院也主要是依靠学工处、院团委、保卫处、后勤处、各院系学工办、辅导员、班主任和学生团体组织等成员来担当此项工作。而这些管理者对于微媒体使用技术、现代传播理论以及信息网络技术等缺乏系统的认识，一定程度上限制了微媒体平台应有功能的充分发挥。如：他们之中有些不会使用微博、微信等微媒体，无法快速及时地了解学生的思想动态及关注的热点话题等，从而失去了学生管理工作的一块重要阵地；有的甚至对微媒体抱有抵触心理，他们只关注微媒体给学生带来的消极影响，如，使学生产生过度迷恋和依赖，冲击了学生的正确观念等，因而对微媒体的使用持有先入为主的偏见，不能适应"微时代"新的学生管理工作特点；有的缺乏微媒体平台的管理和沟通技巧，致使平台内容缺乏吸引力，难以受到学生的支持和响应，一定程度上会影响到学生管理工作开展的效果。随着"微时代"不断发展，学生管理工作者应顺应时代发展的潮流，以积极的态度认识微媒体，还要通过学习相关知识不断提升使用微媒体技术的能力和素养，并且积极探索高校学生管理工作的新方法、新路径，把新时代背景下大学生的学生管理工作推向新的高度。

第二节　新时代高校学生思政教育存在的主要问题及原因分析

一、存在的问题

（一）高校方面

1. 对思想政治教育的投入不到位

高校思想政治育人体系建设最终落足点还是在学校，学校党委领导班子对高校思想政治教育要给予高度重视。但当前社会及学校所提供给思想政治教育的重视与社会期望不相适应。

首先，学校对于高校思想政治教师的职业地位没有充分重视。高校教师职业地位的高低关乎高校教师队伍的搭建和运行成效。长期受应试教育的影响，高校中也普遍存在重视知识性教育轻视思想性教育的现象。高校思想政治理论课教师在教学中的育人作用在考核评价中常常被忽略，严重挫败了高校思想政治课教师自身主动提升的积极性。此外，学校没能认识到高校思想政治课教师作为高校生思想引路人的角色，没能意识到一支强劲有力的高校思想政治课教师队伍对于落实立德树人根本任务的重要性。

其次，很多学校缺乏对高校思想政治课教师心理变化的及时关注。目前，很多高校的青年思想政治课教师占比较高，大多数青年高校教师思想活跃，渴望成才，成就感强，需要合理引导。但很少有学校能认识到搭建一个施展才华的舞台对于青年思想政治课教师调动工作积极性的重要现实意义。

此外，对高校思想政治课教师中刚入职的青年教师和职业倦怠的中年教师都缺乏心理变化的及时关注，高校思想政治教师的生活工作压力较大，文娱活动却很少，使得部分高校教师无法全身心投入队伍建设当中，人力资源的价值和作用没能充分发挥。

2. 学校的措施和制度保障不完备

高校思想政治教育是一项长期的系统工程，必须有一套科学、公正的制度保证才能取得实效。但目前存在机制不完善、体系建设缺乏针对性、评价激励机制不健全等困境。

（1）相关机制不完善

高校作为思想政治教育的主阵地，在对学生价值引领、把握政治立场、塑造健全人格方面发挥着重要作用。因此，加强高校各方面的机制建设，完善相关的机制，关系到高校思想政治理论课育人方向和育人实效。就拿高校教师的发展机制来说，目前各个高校招聘高校思想政治课教师，均需要通过笔试、面试、体检等环节，以此来了解高校教师的专业知识、资格证书以及身体状况，整个过程比较透明合理。但对于高校思想政治课教师的政治思想、师德师风等基本素养缺乏严格审查，多是入职工作后了解。对于不合格高校教师的判定标准比较模糊，一些高校教师取得编制后就握稳了"铁饭碗"，表现出自我发展动力不足，"做一天和尚撞一天钟"的状态，这对建设高质量专业化的高校教师队伍是极为不利的。由此可见，学校在机制和制度方面做得还是不足的。

（2）评价激励机制也不健全

健全的评价激励机制能产生一定的内驱作用，促进高校思想政治教育不断朝着专业化的方向发展。但当前很多高校对于思政教育的评价体系较为单一，不能因地制宜地结合当地实际情况出台执行方案和学校绩效考核的专项管理办法，制定适合高校教师和学生的评价方案。以往单一地通过量化绩点来评判，没能从育人的维度去科学考量，没能突显评价主体地位和民主参与的过程，科学性不强。这种片面的评价机制，难以客观地测评出高校思想政治的现状，使得思政教育中出现各种各样的问题。此外，部分学校对思想政治教育评价体系的建设存在滞后现象，认识还停留在物质需求层面，没能认识到精神需求的紧迫性，使得评价效果欠佳。

（2）相关体系不健全

高校思想政治教育体系涉及的方面是非常多的，完善的体系不仅能够提升思想政治教育的实效，还对高校思想政治的发展起到助推作用。但事实上，当前学校对于体系缺乏制度的刚性约束，在思政教育体系建设的细则方面没有作出符合校情的详细安排，使得一些体系建设浮于表面或不切实际。一方面，体系建设缺乏针对性，不能以学生实际需要为依据制定科学的体系。比如体系中的内容缺乏针对性的学科核心素养内涵阐释、国家大政方针政策解读、教育教学专业素养技能提升等内容。另一方面，缺乏互动式交流和科学有效的管理机制，存在流于形式的现象。这样无疑让学校的思政教育效果大打折扣。

通过以上论述可以看出，在学校方面影响思想政治教育的因素非常多。具体来讲，可以归纳为以下几点。

①顶层设计不完善

首先，一些高校的工作规划相对简单、抽象，思想政治教育的中心主题不明确，缺乏育人相关的具体目标、任务和分工说明，导致机制形同虚设，难以有效汇集思想政治教育力量。具体来说，各部门各机构受困各自所处领域的既有制度、体系和语言习惯，教育惯性影响其难以突破，各育人资源配合度不高，缺乏信息沟通，育人功能出现重合，系统内部产生摩擦和内耗，子系统间不但没有组成互为补充、互为支撑的稳定结构，相反还消减了育人合力的生成。其次，过度依赖国家政策、文件的指导，教学决策和推广生硬，缺乏自主性，与当地地方特色、校园文化历史和生源质量水平结合不紧密，思想政治教育工作的适应性不足。最后，相应的监督、评估和激励保障机制不统一，思想政治教育工作的内生动力不够，难以实现真正意义上的合力育人。

②投入配比不协调

思想政治教育工作从其本质、特性和教育的内容方面来看，都属于软工程，但在教育手段的使用和选择上需要依赖相应的硬性条件做基础。目前，我国高校大多设有思想政治教育专项经费，但在经费的申报、审核、使用、监督程序中绩效导向微弱，经费的利用效益不高，专职思想政治理论课教师、辅导员等的待遇较专业课老师不足，相关教育平台建设进度迟缓，与客观需求不符。另外，大多数高校在专职思想政治理论课教师、辅导员的人员配比中严重失衡。人的精力是有限的，在面对基数大、差异大的学生群体时，思想政治教育工作的针对性和有效性将会大打折扣，常常在问题出现时会有人员缺位的情况。

这就使高校思想政治教育面临着极大的挑战，即如何以最好、最优的策略来实现思政教育的持久性，进而更好地促进学生在思想道德素养方面获得更好的发展。

3. 由网络化带来的异化现象

从思想政治课堂的定义和实践可以看出，思想政治课堂的实施受到时间和空间的严格限制。它必须在特定的地点（学校有固定的教室，不能是任何其他随机的地方，否则将被视为"教学事故"）、特定的时间进行（毕竟，高校学生需要学习全面的知识，而不仅仅是思想教育知识，应该严格按照课程进行），而通过互联网及其终端进行的教育，只要条件允许，不受时间和空间的限制，并且可以随时观看、回放和提取，以便充分利用零散的时间进行学习，达到同时探索和获取更多知识的目的。从教学过程来看，思想政治课堂形式僵化、枯燥、单一，内容严肃、晦涩，难以调动学生参与学习的积极性和主动性。相反，借助互联网及其终端，通过动态视频、图文并茂的课程在宽松的学习环境中进行教育，可以调动学生的学习兴趣，达到预期的教育目标。从教学方法上看，思想政治课堂几乎采用循序渐进的"教学型"灌输教育。大学教师主导着整个教学过程，而学生远未发挥其主体作用。它们不能充分发挥现代教育应有的"教与学"效应。通过互联网及其终端的教学，课堂形式发生了丰富的变化，"教学风格"解放了传统的严格师生定位，尊重了教与学主体的意愿，调动了教学双方的积极性。从教学效果来看，由于思想政治理论课对学生的吸引力不足，思想政治理论课普遍存在"低头族"和"隐性逃课"的现象，教学效果不理想，而互联网及其终端能调动学生的学习兴趣，在可控的前提下充分发挥最佳的教育效果，既满足了学生使用互联网及其终端的愿望，又实现了思政教育的目标。可以说，在可控的前提下，利用互联网及其终端进行高等教育是一举两得。

当然，我们也应该澄清这样一个事实：大学生过度使用互联网终端产品造成了一定程度的"异化"现象，也降低了"第一课堂"在学生教学中的主体地位。这种减少是通过划分学生的学习时间和精力，控制学生的学习和生活意图来实现的。"异化"是马克思主义的概念。异化是一种社会现象，人们的物质生产和精神生产及其产品成为外来力量，进而统治着人们。随着我国经济社会的不断发展，科学技术水平和社会生产力不断提高，手机等移动设备已经从曾经的高档耐用消费品转变为人们的日常生活必需品。尤其是大学生群体，他们具备使用移动设备的能力。手机已经成为生活必需品，手机可以解决衣食住行问题，更诱人的是，手机上各种应用提供的娱乐服务，让一些学生达到了"娱乐至死"的地步。这些学生与手机之间的关系已经达到了严重的转变点,即"异化"点,它不仅严重剥夺了学生的学习时间和精力,而且可怕的是学生长期沉浸在网络世界,这将导致严重的疲劳,甚至失去同龄人的认知水平。互联网及其终端的发展给教育发展带来了新机遇,但也带来了各种负面影响。

由于学生不当使用手机造成的"疏远"现象,课堂上"低头"和"隐形逃课"的现象呈上升趋势。其中,他们有的沉迷于游戏世界,如吃鸡类型的游戏,寻求虚拟世界的存在感。有的通过各种约会平台,发展男女朋友关系,以与自身条件严重不平衡的消费观念进行精致消费。还有的在疯狂网购的同时,也在为自己的未来"埋雷"或"涉雷"。过度消费导致的校园悲剧屡见不鲜。学生在放弃学习的同时,也透支了自己的未来。

(二)教师方面

1. 课堂教学滥用活动

教学内容的落实、教学任务的完成需要一定形式的课堂或者其他教学方法来实现。近年来,学校教育开始注重以学生为主体,课堂形式的重心开始向学生交流谈论为主偏移。为激发学生学习动机,学校开始用一些奖品、积分等激发学生的积极性,期望以此来激励学生认真学习知识、提高能力。其中活动式教学法作为一个比较新的教学方式得到很多学校的推崇。但是对于活动式教学也需要注意"度"的问题。活动是激发学生兴趣,引发学生独立动手实践完成任务的好方式,可是如果在课堂中滥用活动,往往本末倒置,引起负面效果。比如在思想政治理论课中,新教材中插入了法治方面的内容。对于这一教学内容,课堂开展活动往往采取一些新形式的情景剧和图片等。这显然不适合普及严肃理性的法治知识培养学生法治意识和法治观念。而且在课程内容较为繁重的情况下也不适合学生开展长时间高频率的活动式教学。因此在教学形式的转变中对于教学内容、教学阶段的针对性问题还需进一步完善,关于用活动等新颖形式激发学生学习动机问题也需进一步探讨。

2. 缺乏主动性

高校思想政治教育实施者主要包括思想政治理论课教师、专业课教师、辅导员、党务工作者、管理、服务人员及学生。这些人员的自身发展主动性不足。这些人员能否明确自身角色定位,充分发挥积极性、主动性和创造性关乎高校思想政治教育成效和队伍建设质量,但当前这些人员的自身发展主动性不足,表现在很多的方面。

最明显的是他们作为育人主体的育人热情尚未完全唤醒，育人的主体性、能动性发挥受限。辅导员、班主任作为高校学生成长之路的引领者、指导者，被事务管理者角色所替代。在处理班级和学生的日常事务时也只是就事论事，对当下产生的结果进行处理和止损，而对事件发生的背景、过程、推动因素和其中暗含的思想行为倾向关注较少，实质问题得不到根本性的解决；党务工作者在发展人才、制订活动计划时疲于应付过于繁杂的流程，在唤醒校园特色、贴合人的全面发展规律，充分调动师生参与积极性这些方面的工作上显得捉襟见肘。高校管理呈现"行政化"的特点，管理人员在日常工作中通常以稳定、有序、绩效为基本追求，在制度体系、管理方式的选择上尚不能满足时代和学生的期待和需求。高校在提升服务水平、推行服务社会化的过程中，忽略了后勤人员自身素质的建设。服务人员在市场经济的影响下，以利益作为工作导向，片面注重物质供给，忽视精神涵养。

3. 教师不够重视

首先，思想政治理论课教师和专业课教师在教学和科研的双重压力下，任务繁重，始终以教学大纲、书本内容为依托，以传统考试为主要落脚点，以专业知识、技能教授为本位，对学生个体的需要认识、理解不到位，易沦为没有思想、没有感情的教书机器，将"育人"这一过程异化为机械的传递、灌输的行为，不利于学生的全面发展。

高校思想政治理论课教师是思想政治队伍建设的主体，其充分发挥自身的主观能动性，全身心投入队伍建设，不仅对自身专业化成长极为有利，对推进高校思想政治理论课改革创新也有重要的作用。意识引导行动，高校思想政治理论课教师除了教授理论知识，还肩负着立德树人的使命，承担着人生导师的角色。但目前部分高校思政课教师发展动力不足，表现为思想上不够重视，责任意识淡薄，工作标准不高，没能认清自身角色定位，对党中央和地方教育行政部门下发的关于高校思想政治课教师队伍建设的政策文件和新课程标准没能真正领会其核心要义。

其次，很多时候，高校思想政治课教师忽视了自身角色的政治属性。让懂政治的人讲政治，让有信仰的人讲信仰。高校思想政治理论课是教育的重要组成部分，倘若高校思想政治理论课教师从内心深处并非真正认同、理解、把握所讲授的内容，自身理想信念都不够坚定，无疑会减弱这一传导的力度，从而影响教育效果。高校思想政治理论课具有鲜明的政治意识形态教化功能，要求每一位高校思政课教师都应该树立政治信仰，坚定政治信念，具备较高的政治素质，学懂弄通政治理论，将政治性放在首位。然而，当前很多高校思政课教师忽视了思想政治理论课的政治属性，没能认识到思想政治理论课是对高校生价值引领、人格塑造的关键力量。

实际上，出现上述问题的原因之一在于高校思想政治理论课教师工作任务繁重。经分析，很多高校思政课教师认为他们发展的主要瓶颈是大量的时间耗费在应对学校检查上。这也是很多高校思政课教师在教学工作中感到最苦恼的事情，他们觉得自主时间较少，学习时间不够，学校琐事工作太多，影响教学工作。这说明当前高校思政课教师面临学校琐事繁杂的现状，没有充足的时间和精力投入教学工作中去。

马克思强调，只有精神生活的自由发展才是全面的发展，因此，高校思想政治理论课教师要不断丰富精神生活。此外，近年来，国家积极倡导为高校教师减负，大幅精简文件和会议，但落实成效欠佳，这都是高校思想政治理论课教师发展主动性不足的影响因素。

4. 教师对新媒体过度依赖

（1）运用新媒体的方式不正确

思政课教育工作者的任务繁重，导致部分思政课内容只是单纯地将理论内容发布在新媒体中，或者一味地运用新媒体，将思政课复杂化，增大了信息容量，内容过于繁多，教学效果却没有得到改变。由于新媒体带来的信息多姿多彩，加之内容丰富多样，文字、图片、视频融合在一起，使得学生上课对内容的关注滞留在表面，深层次的内涵无法领会，这些无疑降低了思政课的教学效果。

（2）新媒体的种类繁多难选

在思政课教学中，运用个性化、多样化的新媒体便于思政课教师进行教学。但在运用时，多种新媒体并用使得学生对网络的依赖加强，由于新媒体信息的海量性，运用新媒体时，思政课教师无法对其内容进行一一监管，使得在教学时无法掌控学生运用新媒体的实际情况，无法控制大学生的舆论方向。学生在众多新媒体中迷失自己，教师在众多新媒体中陷入选择困境，弱化了思政课的教学效果。

（3）缺乏对新媒体内容的筛选

新媒体依靠网络而迅速发展，其内容的开放和方式的众多导致新媒体的发展还处在不断调整和升级之中，新媒体信息的传播更是存在真伪难辨、假消息肆虐、伪科学横行、坏思想蔓延的态势，甚至不良的信息传播更为迅速，局面难以控制，这对大学生的影响极大。思政课教学迎合时代的发展，不断与新媒体融合，但海量的资源如何配合教学的核心内容，思政课的内容如何运用新媒体进行创新，大都需要思政课教师自己或小组去把控。高校思政课教师根据学生的认知爱好运用新媒体的出发点毋庸置疑，但想真正有针对性地提高思政课教学内容的质量，还需要一轮轮精心筛选新媒体的内容，而不是简单地堆砌。

（三）学生方面

高校学生是具有独立自主意识和基础知识储备的个体，其知识的吸收和理论的建构不是一个单向的被动接受的过程，而是在对所接触信息的理性选择中发展培育起来的。

虽然在思想政治教育的理论研究和探索中都对学生这一对象的主体地位给予了充分的肯定和拔高，但在传统教育思想、灌输式教学方法的影响下，高校学生在思想政治教育工作中往往参与感不强，缺乏自觉主动的学习动机。

同时，在社团活动中，受管理体制的束缚，学生自身的兴趣和需要得不到充分满足，不利于培养学生的组织、协调、创新能力，充分发挥其作为主体的主观能动性。此外，对于学生思想政治素养的评价很多时候还停留在考试的层面，这也导致高校学生难于提升起自己的主动性，进而不能参与到教学活动中。

二、原因分析

（一）高校工作人员的思想政治素质不够高

虽然说，高校的思想政治教育主体是思政课教师和辅导员老师，但大思政人体系要求全社会、全学校形成全员育人的氛围，只要是学校内的工作人员，上到校长，下到保洁、保安人员，每个工作人员的一言一行对大学生都或多或少地产生潜移默化的影响。思想政治教育不仅是一门学习学科，它同时更是一种具有很强的实践性和应用型的活动，由于高校思想政治教育的主要对象是大学生，因此提高高校所有工作人员的思想政治素质也相当重要。所有人都应对自己的职业保持热情，热爱自己的岗位，时刻保持精神抖擞的状态和积极的思想态度。蔡元培先生说过："大学，做高深学问者也。"这句话的意思就是说大学是培养高素质专业型人才的地方，高校教育者本身的知识素养和专业能力决定着其是否能够使学生信服、是否能够教育出对社会有用的人才。新时代思政人体系要求高校工作者特别注意培养学生的职业素养和专业素养。

（二）对以学生为主体缺乏认知

心理学家认为，"情感是人的需要能否得到满足所引起的一种内心体验"。回顾过去，我们不难发现，高校思想政治教育一直都采用着灌输式、说教式以及应试答题的方式进行着，思想政治教育的主要内容和需要传递的精神本身就有难以理解且理论化的特点，按照以往陈旧的方式继续进行高校思想政治教育俨然已经不符合新时代大学生教育的基本理念和要求。如何做到高效地对大学生进行思想政治教育，核心在于要以学生的教育需求为出发点，考虑学生的心理健康，从学生的喜好以及生活习惯出发，转变教育教学模式，创造更多更新颖的教育途径，从而激发大学生的学习兴趣。大学生本身并不抵触思想政治教育，但是他们需要在这一教育过程中获得一定的情感体验，产生共鸣，将内心的信念和品质转化为实效的言语和行动。

（三）互联网融入高校思政教学较为缓慢

互联网作为 20 世纪最伟大的发明之一，是一把双刃剑，一方面可以造福人类，给人们的生活带来了便利，另一方面也容易因为网络的无界限、无距离，使得很多人不懂分辨、不懂求同存异，容易沉溺于网络，脱离现实。因此，高校如何充分利用网络、积极建设学校网络体系并加强管理就很重要了。据了解，目前很多大学生在课余的日常生活中，大部分时间都沉浸在网络的世界里，而高校思政教育者还不能以活泼、轻松的方式利用网络建立思政主题的网络教育，目前大多数思政教育者和辅导员老师仍以强制的方式要求学生完成思政教育的任务，这样反而容易使学生产生消极情绪。互联网其实可以扩大思想政治教育的空间、打破教学的时间壁垒，不再受课堂地域及授课时间的限制，将两者恰当融合能够有效地推进高校思想政治教育现代化发展。

第三节　新时代高校学生管理中思想政治教育面临的挑战

一、国内各方面带来的挑战

（一）市场经济体制

大学生思想政治教育工作从一定程度上来说，是与某些经济基础相匹配的意识形态的工作。近年来，我国经济水平不断提升，社会经济体制发生了较大转变，人们的意识也发生了很大的变化。这样的价值观念的冲击，对大学生起到了较大的影响，学生对在品德教育的重视程度普遍低于对知识技能的认可程度，学生在学习中很难提升学习的积极性，这成为高校思想政治教育中的一个挑战。

（二）科技发展变化

随着社会经济的不断提升，信息技术也在飞速发展，为人们的生活提供了较多的便利。其随之而来的是大量的信息传递，网络的发展让信息传递更加迅速，传播范围更加广泛。在这样的背景下，大学生思想政治教育得到了更好的技术支持，知识的获得变得更加快捷，但与此同时，庞大的信息量也容易使辨别是非能力较低的学生误入歧途，因此，提高学生素养势在必行。

（三）国家教育方针

新时期，我国的教育方针要求全面推进素质教育，其对大学生的思想政治教育带来了两方面的影响。一方面，其为高校教育提供了更多的空间和综合素质教育，促进了高校教学水平的提升；另一方面，其带来的是更加多元化的背景，各类教育目标罗列在高校教师的面前，高校教师需要不断提升自己的教学素养，并且需要正确区分轻重缓急来对学生实施教育，这对教师来说增加了一定的难度，提出了较大的挑战。

（四）教育工作体系问题

在高校思想政治教育实施过程中，教育工作体系问题对提升教育效果提出了一定的挑战。思想政治教育要面对的是学校以及教师的教学思想认识和素养等方面的问题，这些也是当前我国高校教育中的弱势所在，教育工作体系的缺陷对我国的教育起到了一定的阻碍作用。在日常教育中要重视这样的教育挑战，将挑战转变为机遇，针对弱势的教育问题有的放矢，积极扭转困境，从而对学生的学习效果提升起到促进的作用。

二、国际方面带来的挑战

首先，经济全球化的发展使世界各国的政治、经济和文化都能够进行深入的交流，拉近与彼此的距离，将世界变成了一个能够相互联系和影响的整体。但是，东方国家和西方国家还是存在一定的差异性，包含在许多方面，无论是在意识形态方面还是在物质方面，都体现出一定的区别。

其次，伴随着科技的高速发展与进步，文化传播的速度日新月异，同时新兴的网络媒体与自媒体等也让文化传播的渠道变得更加广泛与便捷。科技的进步让世界各国之间的联系更加紧密，文化的开放程度不可避免地让西方的文化和价值观潮水般地涌入国内，与国内传统文化与价值观进行激烈的碰撞。对大学生价值观的形成产生了或多或少、直接或者间接的影响。而且新时期大学生作为互联网下成长起来的一代，其对文化与价值观念的接受范围也更加广泛，时刻面对文化之间碰撞带来的困惑与斗争，比较容易受到各种不良文化和思想观念的影响而导致盲目推崇国外文化。

第四节　新时代高校学生管理与思想政治教育融合的路径

一、高校学生管理与思想政治教育融合的意义

（一）有助于培育创新型人才

新时代教育视角下，为培育出顺应国家社会生产、管理、建设及服务等一线的合格创新型人才，要强化高校学生教育管理、思政教育之间的结合程度，促进两者相融；充分满足创新型人才培育的客观要求，能够最大限度地提升学生群体理论知识层面的综合素养与创新能力，使学生群体明确认识到在校期间不但要提高个体学习认知能力，而且还应在德育教育引导下，加强个体综合能力与素养。与此同时，在高校学生教育管理和思政教育深度结合的过程当中，高校可以以思政教育工作有关要求为基准，坚定以生为本的育人观念，培育学生群体在思想政治层次的综合素质，从而切实丰富学生教育管理内容，落实对大学生价值观与人生观的有效引导。

（二）有助于推进思政教育工作改革

在全面贯彻党的教育方针环境下，为有效促进高校思政工作改革，应基于思政教育基本内涵及要求，从思政教改需求层面入手，强化学生教育管理和思政教育的结合程度。如此一来，从思政教育革新视角而言，能够最大限度发挥该课程教育优势及功能，深度融合思政理论课程育人内容，针对高校学生教务及管理工作当中的核心教育目标、内容与相关规划进行合理拟定，突破以往思政教育内容、模式及评价形式，有效弥补以往思政教育的弊端，解决思政教育存在的各种问题，进而推动思政工作质量、效率有效提升，引导学生树立正确就业观念及价值取向。另外，学生教育管理和思政教育的有机融合，能够将学生德育工作落到实处，持

续延伸思政教育辐射范畴，把思政教育内涵及有关知识渗透到教育管理工作全过程，从而提高学生教育管理质量及高校人才培育成效。

（三）有助于坚持以人为本教育理念

伴随我国对以人为本育人观念的推崇，多数院校均积极把以人为本的育人观念渗透到学生教育管理活动中。这一育人观念强调学校应注重发挥学生群体在日常生活及学习中的主体性，同时在工作实践中重视学生个体意见及需求，注意各项工作开展模式，应在确保工作质效的同时，重视学生群体感受。而这便要求学校转变以往学生教育管理模式，由传统对于学生群体行为方面的强制化管理，向借助思政教育面向学生群体展开思想引导的方式转变，采用此种新的方式对学生群体展开思政教育，能够有效推动其积极约束个体行为，配合学校与教师工作，这不但符合以人为本的育人观念，所取得的教育管理成效也较佳。

（四）有利于形成学生管理工作体系与思想政治教育体系的联动

在教育信息化背景下，教育体系的互联互动是教育发展的重要形式。高校学生管理工作与思想政治教育工作的协同发展，有利于形成两者的高效联动。一方面，能够提升高校思想政治教育实践的综合能力，充分发挥思政教育功能；另一方面，为学生管理工作提供丰富的内生动力，促进学生管理工作模式的优化升级，最终使高校教育管理工作满足人才培养需求，解决当前高校教育管理中存在的思想政治教育渗透不足、实践水平有限，以及学生管理不全面、时效性较差等问题，为高校教育管理的创新发展创造条件。同时，学生管理工作与思想政治教育工作的高效联动，能够提高教师对课程教学的管控能力，促进学生参与到教师教育管理工作中，实现教育的协同管理。在两者联动过程中，教师不仅是管理参与者，同时还承担着沟通者的角色，发挥教育管理学生、与学生沟通的作用，使学生参与到教育管理的实践中，实现高校教育管理工作的和谐发展。

（五）有利于优化配置高校教育与管理资源

目前，我国高校教育一直面临着教育资源应用不足的困境。导致这一问题出现的重要原因是高校教育与管理资源在分配上严重不均，从而使得高校学生管理工作与思想政治教育工作质量难以得到有效提升。而高校学生管理工作与思想政治教育工作的协同发展，则是将高校学生管理工作与思想政治教育工作纳入统一的规范化体系中，实现教育与管理的全面推进，从而促进高校教育与管理资源的平衡使用，在提高学生管理工作水平的同时，为思想政治教育实践奠定坚实的基础。同时，两者的协同发展还可以有效解决高校教育与管理在资源使用上的冲突，通过加强两者的教育体系联动，使得教育与管理资源共同作用于学生管理工作和思想政治教育工作，有效避免了资源冲突、流失、浪费的问题，为高校建立完善的教育与管理体系夯实基础。

二、高校学生管理与思想政治教育融合的困境

（一）思政教育在学生教育管理中时效性不足

现如今，部分高校在学生教育管理当中所实施的思政教育存在时效性不足以及时机不当等问题，难以有效达到引导大学生思想、行为的教育目的，更无法充分彰显思政教育在高校学生教育管理当中的应用价值。究其原因，在于多数院校在学生教育管理层面存在体系制度不完善的问题，在学生管理者的工作任务部署层面缺乏合理性，同时管理权责划分较为模糊，负责学校学生教育管理工作的教师欠缺充足的思政工作经验。除此之外，学生教育管理当中各项工作职责落实状况欠佳，并且在教育管理实施过程当中，欠缺有关人士高度配合，所以难以确保思政教育在学生教育管理中的时效性。

（二）学生教育管理者忽视思想政治教育工作

众所周知，思政教育工作在高校学生教育管理中所发挥的作用不可替代，科学的思政教育工作模式能够切实提高学生教育管理质效。然而，现阶段国内部分高校学生教育管理者却普遍存在忽视思政教育工作的现象，多数学生管理者在教育管理工作当中仍采取说教与批评等方式展开思政教育，此种工作模式不但无法获得理想化效果，而且还极易导致学生群体产生厌烦情绪，对学生教育管理的有序开展具有负面影响。除此之外，高校学生管理者日常工作量相对繁重，并且多数管理人员并不具备专业化的思政教育背景，造成其在具体教育管理工作当中难以投入更多耐心，对思政教育和学生教育管理有机融合造成阻碍。

（三）社会思想文化多样性导致学生思想偏差

近些年，互联网技术和新媒体平台的持续发展、进步，促使社会信息量体现出爆发式增长态势，且借助网络通信技术及新媒体平台，全球各地用户均可及时交流互动，信息传播范围不断扩大，且传播速度也持续提高。在此环境下，社会涌现出多种思想文化，而部分消极思想及文化对大学生造成严重的负面影响。现

如今，部分大学生并未树立正确的价值观与人生观，且将读书学习视作改变个人前途命运以及成就家族荣耀的主要途径，缺乏为社会及国家建设、发展而服务的认知。另一方面，国外部分思想与文化通过网络或者多种渠道涌入中国，部分大学生仅片面地理解和认知西方文化，导致其丢失自我，出现享乐主义、拜金主义等消极思想。这些问题的存在，导致当代大学生群体思想发生偏差，对高校学生教育管理以及思政教育的开展均带来不利影响，对两者融合发展也带来诸多挑战。

三、高校学生管理与思想政治教育融合的路径

（一）创新学生教育管理的模式，确保思政教育工作的实效性

在高校学生教育管理和思政教育工作结合过程中，应注重教育管理模式创新，规避硬性管理手段的广泛运用，避免学生逆反、厌烦心理现象发生。所以，在教育管理工作当中，学校应致力于思政教育的渗透，利用思政教育引导管理工作，强化学生群体对教育管理工作的认同。在高校思政教育内容讲解过程当中，需及时创新教育手段，转变注入式教育模式，注重开展实践性与探究性教育活动，引导学生发挥其主观能动性，使学生可自主思考与探究知识。在此过程中，教育管理人员应确保思政教育的实效性。换句话说，应在适当时机面向学生实施思政教育，唯有如此才可达到引导学生明确积极思想政治理念的教育目的，进而令思政教育在管理工作当中发挥应有作用。为最大限度保障思政工作实效性，高校需健全教育管理机制，科学部署管理人员日常工作量，清晰划分其权责范围，确保学生教育管理所触及的各项工作均由专门人士负责。

（二）提高教育管理者思想认知，促进教育管理工作顺利进行

现阶段，高校应强化学生教育管理者对于思政工作的思想认知，提高其重视度，唯有如此才可确保思政教育能够有效融入教育管理当中，最终实现提高管理工作质效的目的。而学生管理者应积极革新思政教育工作模式，不可单纯地凭借说教与批评等形式展开思政教育。高校在以往学生教育管理中，所设置的教育管理目标普遍是针对大学生群体日常生活及学习状况，鲜少有关于思政教育的管理目标。在学生教育管理中，管理者通常拥有较多与大学生接触的机会，这恰恰是实施思政教育工作的最佳时机。伴随社会、市场对于人才需求持续提高，各高校应借助强化思政工作的形式，引导学生明确学习目的、生活目标与思想道德理念，唯有如此才可达到加强学生综合素养的教育效果。所以，管理者在具体工作中需

高度重视大学生思政教育所具备的功能，将思政教育和学生教育管理深度结合，以此促进教育管理工作顺利进行。

（三）组织互联网教育管理活动，引导学生正确认知多元思想

近年来，信息技术飞速发展，并逐渐被运用到社会各个行业及领域中，教育信息化时代随之来临。在这一大环境下，应积极推动思政教育和高校学生教育管理有机结合；应合理展开网络教育工作，组织互联网教育管理活动，增强高校教育管理有效性。一方面，高校应开发线上教育管理平台，并开辟学生教育管理模块，健全有关管理制度和体系。比如，在教育管理模块当中，可适当渗透思政理论课教学内容，将学生教育管理和思政教育的结合开展落到实处，实现两者协同教育和引领学生。另一方面，引进前沿性技术手段，及时掌握大学生群体当下学习、生活动态，按照学生们学习动态现状，组织线下深度交流和探究性实践活动。除此之外，教师可以以微信公众号及QQ等媒体平台为依托，面向广大学生群体传播正能量，从而提高其知识深度与广度。

第二章 高校学生思想政治教育理论概述

本章为高校学生思想政治教育理论概述，主要从四个方面进行了阐述，分别是高校思想政治教育的概念、高校思想政治教育的目标与任务、高校学生管理中思想政治教育的基本原则、新时代高校学生思想政治教育的理论基础。

第一节 高校思想政治教育的概念

一、思想政治教育的内涵

思想政治教育就是教育者根据社会要求的思想体系、政治观点和道德规范，依据受教育者的身心发展特点和规律，通过有目的、有计划、有组织的社会教育活动，促使受教育者形成社会发展所期望的思想道德品质的社会实践活动。这一实践活动包括教育者施加影响活动和受教育接受影响活动。

高校思想政治教育是指，高校教育者在高校这个具体的环境中，为实现国家发展和教育目的，利用高校有利于实施教育活动的方法和载体，根据受教育者现阶段身心发展的特点和规律，通过运用马克思主义的立场、观点和方法对学生进行教育、宣传、引导与渗透，学生接受、吸收、内化为自身素质，从而形成正确的世界观、人生观、价值观来指导自身实践活动。这一实践活动又分为三个阶段：第一，高校教育者将国家规定的教育内容灌输给受教育者，受教育者进行消化和吸收的"内化"阶段；第二，受教育者将接收到的内容结合自己的个体意志与动机不断践行新思想而"外化"为良好行为习惯；第三，高校教育者与受教育者相互联系，对受教育者良好行为的结果所产生的社会评价进行评估，进一步发展为良好品德。高校思想政治教育就是要和发展中国特色社会主义相一致，高校教育者根据国家发展要求的方向和制定的对受教育者的培养标准，对受教育者进行积极的引导，受教育者主动接受对其教育的国家意志与价值并自觉内化为自身的理想信念与行动指引，形成统治阶级所期望的思想道德水平，从而实现四个"服务目标"的实践活动。人们通过实践来达到自己某种程度上想要的效果，实现自己活动的目的来满足自己的发展要求。

二、思想政治教育对管理者和教育者的要求

高校管理者和教育者在进行高校思想政治工作时，应遵循以下五项要求，用心用情培养出无愧于时代的高素质人才。

（一）政治站位清晰

中国高校是中国共产党领导下的高校，必须始终坚持贯彻中国共产党的教育方针，始终坚持社会主义的办学原则，始终坚持以德育人的育人方向。中国共产党是马克思主义无产阶级政党，代表着社会主义的前进方向。高校是为社会主义现代化建设输送高质量人才的基地，是服务中国共产党治国理政的智库，所以新时代高校思想政治教育必须体现中国共产党的大政方针政策。旗帜鲜明讲政治是高校思想政治教育的政治定位，高校要坚持马克思主义的一元指导地位，不断传播马克思主义真理，保证党领导下的社会主义高校思想政治教育清晰的政治站位，树立坚定的政治信仰，贯彻执行党的政治路线。

（二）战略定力明确

高校的教育质量关系着国家的前途命运，关系着实现中华民族的千秋伟业。中国的大学是在民族处于内忧外患的情况下建立起来的，北京大学的前身京师大学堂的创办，就是为了拯救民族于水深火热之中，张亨嘉就职京师大学堂总监督（相当于今天的大学校长）的典礼上发表了大学校长有史就职演说最短的14个字："诸生听训：诸生为国求学，努力自爱"，自此中国的大学就肩负起为国奋斗，为民族谋复兴的大任。国家建设和实现中华民族伟大复兴的历史使命，需要一代人接着一代人脚踏实地地干。国家发展、民族复兴，教育是关键，尤其是高等教育关乎着国家建设人才的培养，高校思想政治教育要有明确的战略定力，一切从国家教育发展大局出发，沿着党中央关于人才培养的教育路线，为实现教育强国的宏伟目标继续奋斗。

（三）社会担当显著

教育关系着民生，教育的发展关系着社会的发展前途。我们的高校教育一定

要与社会经济发展的需求同步，大学为社会服务，最早要追溯到美国"土地赠予运动"，大学的专业知识应用到农业及其他生产劳动中，大学"为经济和社会发展需要服务"的崭新理念应运而生。崇尚学术与适应社会协调发展成为现代大学的办学规律。中国大学一开始诞生就与国家的前途命运紧紧联系在了一起，就是要服务国家社会发展，培养与国家社会经济发展相适应的人才。

（四）办学格局高尚

我国高校是社会主义高校，决定了高校办学的格局是办人民满意的社会主义大学。高校培养的人才只是在学校短暂地深造几年，总归是要回归到社会生活中为人民服务，总要与社会中的人发生着联系，正如布鲁贝克（John S.Brubacher）在《高等教育哲学》中将当代大学看作是"社会的良心""现代人的宗教"，是为全人类的真理和利益服务的，是"世俗的教会"，大学所承载的精神就是对人类社会崇高理想的追求。高校思想政治教育要以办人民满意的大学为格局，在社会中获得人民的信任和支持。

（五）育人情怀深切

当学生主动接受思想政治教育的内容，内化为自身品质，外化为自身良好行为习惯，才能说我们的思想政治教育是成功的，是有效的。要想实现有效的教育，就要坚持以学生为中心，对学生做到殷切关怀，给予学生情感上的支持，让思想政治教育充满生命、人情味。造就各个方面都通晓的人才是我们今天大学的培养任务，其中之一就是教给学生如何做人，如何达到较高的思想境界来指导自己以后的人生道路，而并非只教授给学生专业知识，更要感染学生促使其形成良好的道德品质，不仅要授学生以"鱼"，更重要的是授学生以"渔"。我们今天培养的学生，不仅要有扎实的专业知识，还要教会学生做一个有感情、人格立体鲜明的人，面对今后漫漫人生道路，以乐观积极的态度面对人生中出现的各种喜怒哀乐，实现精神的更高一层飞跃。我们的工作始终要忠诚于党的教育事业，一切工作与党的教育事业并向前行。高校思想政治教育要心怀博大的育人情怀，对党的教育事业忠诚，对学生充满关爱，拉近与学生的距离，滋润学生的心灵，在温暖而深切的关怀中实现对人的发展。

第二节　高校思想政治教育的目标与任务

一、高校进行思想政治教育的目标

（一）思想素质目标

大学生要坚定贯彻马列主义、毛泽东思想和中国特色社会主义理论体系，明确辩证唯物主义的思想，树立正确的三观，在生活中不断锻炼自己尝试运用马克思主义的主要观点方法进行思考和判断；培养集体至上的三观，批判享乐主义和拜金主义，明确个人利益要服从国家利益的思想，对建设富强祖国充满信心和力量，为祖国燃烧才是青春最好的正途。

（二）道德素质目标

大学生要以集体利益为最高荣誉，个人利益要服从集体利益，坚信团队合作的重要性和必要性；吃苦耐劳、勤俭节约，在生活学习工作中做到艰苦朴素，享乐在后；遵守法律，热爱国家，懂礼貌，讲诚信，为人团结友善；积极进取，思想要具有正能量，用乐观豁达的心态面对生活，对于事业和学习要充满干劲，秉持着严肃认真的态度，能听进各方的意见和建议，从批评中吸取精华，努力完善自己的道德修养。

（三）政治素质目标

大学生对于我国的国史和国情要了然于胸，对于我国传统文化的优秀之处要加以继承和发扬，不忘初心，坚持中国共产党的领导，继承先辈的革命斗争精神和优良传统，坚决维护祖国统一和团结，将祖国的利益和荣誉放在首位。具有献身祖国、服务人民的思想觉悟，坚定拥护党的领导和国家的政策方针，做忠诚的爱国主义者。

（四）法纪素质目标

大学生要致力于弘扬全民民主法治的风气，自发学习我国宪法，能够做到正确行使公民权利，维护公民利益，履行公民义务。要从根本上培养高校大学生的法律意识，教导学生做到自我约束、自我管理，能够运用法律武器作出正确的判断和决策。大学生要在内遵守校规校纪，在外遵守社会公德和法律法规，自觉维护学校和社会的正常公共秩序，深刻领悟法治社会的建成需要每个人来努力，要让法治变为信仰融入高校大学生的思想道德教育中去，才能让思想转化为实际行动，让法纪素质教育贯穿始终。

（五）心理素质目标

心理素质是一个人心理过程和心理特征的体现，是衡量每个人在情感、意志、性格、行为等方面的综合标准体系。要培养高校大学生形成坚强、自爱的性格，增强他们的抗打击和抗压能力，使其具有比较好的自我调节能力，这将有利于高校大学生未来的工作、事业、婚姻、家庭等，保证他们在遇到挫折时可以不丧失勇气和信心，不断努力去改善困境，拥有良好的心态，从而拥有美好的人生。

二、思想政治教育的任务

（一）任务体系的细化

思想政治教育作为一项综合性工作，其根本任务是立德、育人、铸魂。在培养社会主义建设者和接班人方面，任务复杂多样，极具挑战性。由于完成思想政治教育的根本任务需要多方参与和完成，因此，要从任务的从各个方面构建思想政治教育的巨大任务体系。为了提高新时期思想政治教育的完成效果，提高思想政治教育的质量，有必要细化和澄清任务体系，为实现综合创新奠定基础。

1. 任务体系的上下衔接

思想政治教育的复杂性和全局性决定着其相关任务也复杂多样。面对这一现实，我们只能从系统的角度来看待任务，上下衔接，按照纵向和横向的原则来构建技术路线图，在设计阶段规划进度，高质量地完成以德为本、以人为本的思想政治教育任务。所谓任务体系的上下衔接，是指战略规划层和战术实施层都要履行各自的职责，做好任务的传递和消化，做好战略战术层面的任务分配。既不能让小任务、细任务、非核心任务干扰战略规划层面的总体规划，也不能让大任务、难任务、综合任务强加于不具备战术执行能力的单位和个人。

2. 任务主体的责任明确

要高质量地完成思想政治教育任务，必须对任务进行细分，明确主要责任。如果任务无法细分，结果就是责任不明确。责任不清意味着主要责任没有得到充分落实。显然，任务的执行强度和完成效果会被打折。主体责任的履行可以从任务的结果中有效追溯，这不仅是权利的追溯，也是义务的追溯。也就是说，作为任务的核心，主要责任人不仅享有与任务相匹配的权利，还必须承担与任务相匹配的义务。如果主体的责任不明确，回溯将失去确定权利和义务的意义。更重要的是，如果责任主体不明确，没有统一的指挥和领导，任务很可能处于放任状态，失去规定性、方向性和前瞻性，这将直接影响任务的完成质量，最终损害整体利益。

3. 任务范围的权责相当

在完成任务的主体责任明确后，仍要明确任务范围，确保责权明确，权责平等，督促、指导任务完成单位在各自职责范围内履行职责，不得越界、推诿。由于思想政治教育工作往往是新的，随着外部环境的变化，总会出现新的问题，要实现整体创新，必须明确任务范围，督促新任务以权责平等的方式取得突破。例如，马克思主义学院的任务范围不同于团委学生办公室等职能部门的任务范围。马克思主义学院的核心任务是坚持和发展主渠道和主阵地。如果教学中出现问题，那是马克思主义学院的责任。社团建设出现偏差的，团委要承担过失责任。相反，如果教学改革做得好，教学效果突出，则表明马克思主义学院的建设质量是令人满意的。如果学生会在思想政治教育方面作出了巨大贡献，作为主管部门的团委应该得到很大的奖励。因此，在各自的范围内做好自己的工作显然是集成创新的首要重要意义。

4. 任务考核的赏罚分明

为了督促执行人将任务完成得更好，在考核方面务必做到赏罚分明。思想政治教育工作需要创新，需要与时俱进，需要全力以赴，同时也需要脚踏实地。缺失其中任何一项，思想政治教育工作的集成创新或者说最基本的任务指标都是难以完成的。因此，考核标准也要分层次，对标对表，先礼后兵。在一定期限内，不做概略考核，要做坚定立场、坚定方向、坚定核心任务不松懈的考核。同时，鉴于思想政治教育具有与时俱进的特点，考核方式、指标也要根据任务的不同和进阶程度进行实事求是的调整。总而言之，赏罚分明也是促进高质量完成任务的一种手段和前提，有助于思想政治教育各方面任务得到可持续的高效率的解决。

（二）任务的功能作用

人类社会发展进步的实践证明，任务安排得越明确，完成的质量就越好，在短期内就能推动更多的事情实现质的飞跃。原因是任务本身的功能可以促进事物的发展和进步。具体来说，任务的功能大致可以分为以下几个方面。

首先，任务具有方向性功能。方向性功能决定了任务的质量和数量、完成任务的前景以及完成任务的路径选择。同时，它还指出了任务的性质，以确保完成人员不会犯方向性错误。

第二，任务具有规定性功能。规定性功能定义了完成指标和标准、完成任务的技术路线、必须解决的重点和难点、评估及评估标准等。

第三，任务具有前瞻性功能。前瞻性功能是由任务本身决定的，因为无论是什么样的任务，其完成程度直接决定了下一个过程的事情。如果完成得好，它将在完成得好的基础上发展和进步。如果没有很好地完成，则有必要在这种情况下启用归档或暂停任务，以最大限度地减少损失。

（三）高校思想政治教育的主要任务

1. 提高广大学生内心的满足感

首先，学生具有显著的主观能动性以及自觉选择性，在学习有关基础理论知识的过程中，他们并不是单纯地复制所学内容，而是在对这些知识进行消化与接收，思政教育要利用社会主义核心价值观来科学指导与引领学生，让他们产生积极向上的情绪，切实帮助广大学生树立坚定正确的理想信念，以便更好地形成良好的思维模式，进而得到心理上的认同感。

其次，由于学生在思政教育中处于主体地位，因此，他们内化的价值理念与思维模式都将体现在其实际行动上，学生不是被动接受知识的客体，而是带有强烈自主意识的主人翁。思政教育要利用丰富多彩的社会实践活动，例如组织学生参加志愿者活动、文化体育活动或是知识竞技比赛等，使其在提高个人能力与实现个人价值的同时得到满足感，切实满足学生的自身需求与全面发展的需要，提高广大学生的幸福感以及归属感。

最后，则是学生之间具有明显的差异性，他们的成长环境、喜好与性格特点等方面有着较大区别，这让学生在情感、素养、认知以及能力等诸多方面都体现出完全不同的倾向。对此，思政教育应充分尊重学生之间的差异性，全面了解学生的潜在能力和兴趣，努力激发他们的自我优势，鼓励并支持学生自由发展，以便提高他们的精神境界，使其自我价值得到真正满足。

2. 增强思政教育实践的互动性

思政教育是教师与学生双向互动的过程，彼此应在这一过程中各自扮演好自身的角色。教师要向学生提供高质量的教学内容，将基础理论知识进行整理和吸收，让教学内容尽可能靠近学生日常生活，充分运用好课堂教学这一主渠道，努力提高自身的语言艺术，探寻到与学生之间的契合点。教师要做好课堂教学的指引者，构建自由探讨的平台，让学生成为课堂的主角，进而达到预期最佳的课堂互动效果。在双方沟通交流时,需要注意彼此身份的平等性,积极融入情感要素,以便推动彼此更深层次的交流,在课堂活动中构筑信赖感,得到情感认同。

此外,为了更好地开展双方深层次的交流,教师应做到实体互动与虚拟互动有效结合,拓展互动形式,加快育人过程中的生活化,让双方在实际参与中体会到愉悦感。而对于学生来说,则应增强自觉性,努力学习和内化马克思主义相关理论知识以及思政基础理论内容,进一步巩固自身理论功底,提高个人认知水平,促进知识素养的不断提升,从而提高获取知识的能力。学生应积极踊跃地参加教育活动,与教师进行良好互动,让教师的供给与学生的需求之间形成强大的协同,这样可以在学习知识、提高精神境界的同时,得到崭新的价值支撑力量,因此产生全新的获得感。

第三节 高校学生管理中思想政治教育的基本原则

高校的学生管理工作对大学生的未来发展有着很大的影响。当前,社会经济高速发展,在助推高校教育前行的同时,也对高校思想政治教育提出了新的要求。新形势下高校思想政治教育教学需要不断提升学生的主体地位,注重学生的全面发展,培养学生成为社会主义建设所需的有理想、有抱负的新型高素质人才。因此,需要充分发挥思想政治教育的导向作用。将学生管理作为高校思想政治教育创新发展的新载体。本节主要介绍高校学生管理中思想政治教育的基本原则。共包括以下五个原则。

一、方向原则

新时代高校大学生的思想受社会关系和社会环境的影响程度不容小觑,尤其是在自媒体环境下,各种网络信息充斥在大学生周围且快速撒播,各方面的因素都影响着他们正确价值观的形成,而且人的思想也具有可塑性,这就需要我们在发现问题时及时做好思政教育工作。但事实上,让思政教育的内容完全植入学生的头脑中并不是一件容易的事,高校思政工作者应从"心"出发,从培养学生政治认同、思想认同和情感认同三个层次推进党团认知认同教育,由浅入深、逐渐升华,通过培养学生的光荣感和使命感和坚定学生理想信念的方式确保思想政治教育工作方向准确,让学生正确的思想观念得以养成。

（一）加强政治认同教育

大学生作为现当代文化素质较强、政治素质较高的群体，是祖国未来的希望和接班人，他们对现存的政治体系是否认同不仅关系到自身素质的培养完善，也关系到整个社会的和谐稳定。现阶段，大学生政治认同最重要、最核心的一点是对中国特色社会主义道路、理论和制度的认同，并且当前整体状况还是积极良性的。但由于大学生思维活跃，政治敏锐性较强，在入学、就业、自身权利保障和家庭利益诉求等方面可能会对现状不满意，出现政治认同危机。并且，受不可逆转的经济全球化浪潮的影响，中国社会整体进入了信息化阶段，已逐步形成多元思想文化碰撞的格局，生活在当下信息泛滥的环境中，各种没有经过过滤和甄别的信息充斥于学生的现实生活当中，由于大学生对政治价值和政治规范的认知尚且不足，因而容易导致他们的政治认同与信仰产生动摇。针对这种情况，如果对高校大学生缺乏准确及时的教育引导，定会对个人甚至国家造成巨大损失。

所以，高校教育工作必须结合当前国际国内的实际情况与时俱进，关注大学生在新形势下所处的校内外环境和所接触人际关系的变化，更准确地把握影响大学生政治认同发生变化的关键要素，创新地运用教育载体，构建与大学生身心实际相适应的思想政治教育新模式。只有把握大学生成长规律，真正了解到大学生的所思所想，找到他们容易接受的教育方式方法，才能引导学生形成政治认同，把思想政治教育做到实处并使之有效。

（二）提升思想认同意识

思想是行动的先导，认同是践行的前提。一种思想、理论被群众认可即可能产生巨大的力量，从而转化为人们的思想观念，对人们的行为产生实质性的影响。

习近平新时代中国特色社会主义思想，是与马列主义、毛泽东思想和中国特色社会主义理论体系既一脉相承又与时俱进的科学理论。作为我党的指导思想，它使得科学社会主义焕发出强大的生机与活力，是应该而且能够为当代大学生所认同，为全体人民所认同且长期坚持的。思想认同是深深植根于人们的头脑之中，建立在对习近平新时代中国特色社会主义思想的理性认知和准确把握基础之上的彻底认同。但新时代下的大学生价值观多样多元，受复杂环境的影响，他们的价值观念和思想行为受到不同程度的干扰。因此，用新思想武装大学生，开展有效的思想认同教育，提升新思想的号召力、说服力、亲和力和覆盖面将成为解决这一时代课题重要的一环。

高校思政课教师作为大学生成长路上的导向者，是党的相关理论的传播者，应以身示范,从学生接受教育的源头上做好深切感悟习近平新时代中国特色社会主义思想的丰富内涵,科学把握其理论渊源与实践基础、历史地位与指导意义,激发学生对它的认同感,并在此基础上,教育大学生产生思想认同,自觉规范政治行为。由于当前新媒体传播速度快,广大青年学生获取信息的渠道多,且大学生在思维方式、价值判断和生活习惯等诸多问题上呈现出自身的特点,因而高校教师应切忌照本宣科,讲一些假大空的套话,善于运用贴近实际、贴近生活、贴近学生的实例去感染学生,加强学生对新思想的认同感。同时,也可以灵活运用新媒体技术,改进教育教学的方式手段,引导教育学生主动学习接受新思想并产生亲近感,由知识的认知向内心价值的认同转变。

(三)促进情感认同融入

人的情感是在认知的基础上产生的,但在某种特定的情感形成后,它又会反过来对认知起着巨大的调整支配、推动强化的作用,例如,积极肯定的情感能够驱使人们自觉自愿地把握事物的本质,并形成对它的正面认知,而消极否定的情绪体验则在一定程度上起到阻碍抑制的作用,导致人们对事物的认知仅停留在表面甚至是截然相反的一面,无法顺利内化为自我价值追求。所谓情感认同,是指根据个人需要,对他人或某个群体的思想态度、价值观念、行为方式产生的一种积极肯定的情感体验,并在追求这种体验的过程中不断内化为自身的价值信念,它真正尊重人的内心情绪,体现了以人为中心的教育理念。

帮助大学生健康成长以及为国家培养可靠的社会主义事业接班人是高校教育的职责所在。但在实际教育实践过程中,由于思想政治理论课与其他课程教育不同,它本身无法像其他课程一样进行客观尺度的量化评定,社会对其衡量度还不深入完善,因而学生自己也不够重视。而我们又不能光靠对抽象理论的空洞说教和僵硬的制度约束来改变这一现象,因为对大学生进行思想政治教育是一个需要注入情感的过程,一旦获得情感认同就能根据思政教育的要求去规范约束其思想和行为。

因此,加强情感认同的整合,充分调动学生的积极情感因素,通过"情感"搭建师生之间的桥梁是明智之举。要触动学生内心深处最朴素、最柔软的地方,使其增强对教育内容和方式的认同感,激发同理心,必要时还可"投其所好",让学生自觉自发地认同马克思关于未来世界的美好设想以及我们党的路线、方针、政策。因此,高校思政教育不应是一律共性地强制灌输和考核,应遵从学生个性化的成长规律,充分考虑每个学生的道德认知和情感需求,努力实现在心理情感方面与之产生共鸣，使学生听之可信，信之能行，行之有效。

二、实事求是原则

（一）实事求是原则的内涵

思想政治教育重点是做人的工作，受家庭、学校和社会等各方面因素的影响，新时代下大学生的成长发展呈现出崭新的特点，这就要求教育者在教育过程中不能千篇一律，毫无生气，而应切实遵循大学生成长规律，时刻关注学生的思想实际和身心特点，注重人性关怀，了解学生的成长需要，并让学生从思想政治教育中有所进步，增强受教获得感。

实事求是原则的内涵包括以下三个方面。

1. 必须符合客观实际

群众作为社会的主人，其本质是一切社会关系的总和。因此，群众个体所拥有的社会关系以及社会意识等因素，不仅会对群众思想的变化发展产生影响，而且还会对其起到制约的作用。思政教育对于群众个体与群体的思想转化都要加以重视，并且要重视社会风气以及舆论能够起到的作用。这就要求，思政教育出发点与立足点一定要是社会发展的实际以及群众的思想疑难问题现状，不仅应该将群众看成是一个整体，在相同的起点上进行教育，还应该对千差万别的群众思想疑难问题深入细致地进行研究，并对其加以有效解决。这样一来，就能够让理论与实践紧密地联系起来，让思政教育本身的针对性以及有效性得到增强。要想能够对群众思想发展变化的规律有准确的了解与掌握，那么就只能与实际紧密贴合，做好与之相关的调查研究工作，让思政教育的针对性、系统性以及创造性不断得到增强。

2. 必须与利益引导相结合

群众的思想、行动都与其自身利益密切相关，利益是群众进行生产及一切活动的动因，同时也是群众思想疑难问题产生的根源。马克思主义的基本原则，就是让群众对自身的利益有充分的了解，并且让群众团结起来，为之进行奋斗，所以应该把群众利益作为工作的着眼点。从利益导向上看，社会中一切人的关系都是利益关系，社会矛盾之所以会产生，就是因为在利益上存在着差异或者利益是对立的。执政党如果想要将人心凝聚起来，让矛盾得到协调，从而形成强大合力，其坚持的利益导向一定要是正确的。利益导向正确，社会不同阶层和群体就会从根本上协调一致，能够共同行动和增强社会活力。

3. 必须有求真务实的作风

思政教育工作者必须养成求真务实的作风，把求真务实、言行一致作为自己思想和行为的重要准则。要做到求真务实就要不唯上、不唯书，实话实说，实事实办，少搞形式，不尚空谈。要爱岗敬业，把工作当事业干、当学问钻，既练"唱功"又练"做功"，勇于探索、创新。要以身作则，率先垂范，要求别人做到的事情自己首先做到，以自身的模范作用教育群众，引导群众，激励群众。

（二）实事求是原则的内容

1. 关注学生的身心特点

人的个性是独立的个体在社会实践生活中形成的区别于他人的特质，新时代大学生的显著个性主要表现为精力旺盛、个性鲜明，思维观念多样且多变。这要求我们在教育过程中应当尊重大学生成长规律，把握他们的思想实际和身心特点，拒绝千篇一律，做到因人而异，因材施教，理解尊重学生的个性差异，包容看待存在特殊情况的个体，针对不同主体的不同情形对大学生进行有区别、有分类的教育工作，为大学生个性的充分自由发展提供空间，运用学生喜欢的合理方式进行教育，让他们真切感受到被尊重，进而培育健康、积极的人格。譬如，学校可以借助多种网络新途径整合线上线下的相关教育资源，运用各式各样的、契合学生思想实际的形式，以激发青年学生强烈的思想共鸣，使其自主将所学内容内化为价值观念，外化为切实行动，提升教育效果。

2. 服务学生的成长需要

思想政治教育的对象是人，自然其教育过程与人的需要之间存在着不可分割的联系。围绕学生、关照学生、服务学生的主张，就是要求我们树立在服务中开展教育，教育引导依靠服务的理念，为学生成长成才的实际需要提供全方位的、高质量高水平的服务，这也是要巩固强化思想政治教育效果所应有的客观遵循。同时根据马斯洛的需要层次理论，人的需求不是一成不变，而是在自身的成长发展过程中不断递进的。他认为，人的需求是他行为的动力源泉，且处在不同时期、地域、层次的人有着不同的需求，即便是同一个人，受不同环境与时机的影响，他的需求也是不一样的。这个理论以"需要"为着力点，为我们了解和研究人类的需要特别是了解新时代大学生的需要提供了一个较合理的方向。

大学时期是学生寻求知识、捕获真理的阶段，大学生不仅要学好书本知识，还要通过挖掘自身潜能和提高素质来满足社会发展的需要，这样才能更好地实现自己的人生价值。新时代大学生的生理和心理更加成熟，主体意识逐渐增强，主体需要的层次也在逐渐提高。因此，教师要紧抓课上下时间，尤其是氛围轻松、学生防备心较轻的课下时间，多与学生接触，了解掌握他们的个性特点，格外关注他们的成长发展需求和心理感受，并在合适的教学场合中通过各种有效的形式激活教育对象的内源动力，因势利导地增强大学生的综合能力，使学生成长成才，在适应时代发展要求和满足社会进步需要的同时自身得到良性发展。

3. 增强学生受教获得感

大学生思想政治理论课获得感，是指学生在接受思想政治理论教育后产生的一种能够满足他们现实或潜在的且能长久维持下去的满足感和成就感，是一种对自身受教育的精神状态、主观体验和情感反应的表达。就传统教学模式而言，我们在教学中往往将关注的重点放在教师讲了什么，而忽略了学生的"获得"感，也就是学生得到了什么，这就让教育有种"本末倒置"的意味了。具体表现为：许多高校的教学内容在中学政治课上有很多重复，学生觉得没有新思想；宏大权威的理论叙述和千篇一律的共性化教学素材使得思想政治理论课少了些生动活泼，显得枯燥乏味；教师教学死板，授课自说自唱、自娱自乐的现象普遍，忽视了学生的参与和体验，容易让学生无法找到兴趣点。那怎样使思政课真正被学生接受并产生认同感呢？明确学生的具体思想与实际诉求，重视学生的获得感是关键一步。因此，在教育实践过程中，思政工作者应始终遵循大学生成长规律去了解学生们的真实需求并关注学生的情感体验，增强理论课程的导向性，以亲和的方式感召吸引大学生，从而让学生在经过思想政治教育熏陶后能够有满满的体验与感悟，获得感倍增，这也是高校提升思想政治理论课教学评价和质量的精神准则与价值追求。只有把学生获得感注入教学评价当中，才能激发学生在学习过程中更强的认同感，从而能够更加主动地去探究有效的学习方式，更加高效地吸收学习内容，将所获得的教学内容内化为思想观念、外化为实际行动。

三、坚持人本原则

（一）帮助进学生个人完整人格的塑造

人本原则的基础环节就是受教育者作为独立个体的完整人格塑造与发展。普通高等院校教育的价值所在是源源不断地向社会输送高素质文化人才。普通高等院校思政教育人本原则的重要任务是怎么样才能在校园环境内实现受教育者完整人格的健全发展。现今社会，不仅要求青年学子有更高的文化素养、科学素养，更要求其作为社会中的一个独立个体，有其完整人格的具体展现和政治态度的积极方向。普通高等院校思政教育就是在人本原则之下，使青年学子自信、自立、自强，不断引导和发展他们成为整个社会的优良建设者，且能在飞速发展的社会环境下作出积极应对以保证自己不被社会所淘汰，还能为社会的发展、国家的富强作出贡献。只有这样青年学子才能实现自己的人生价值，在面对未来世界挑战的时候才能够做到从容不迫。普通高等院校思政教育在我国教育体系中是非常重要的组成部分，只有在普通高等院校思政教育工作中坚持人本原则，将"一个主体"的观念彻底打破，充分尊重教师在教学引导上的主体作用，充分发挥学生在学习过程中的主体作用，培养教师在教学中的主动创新性和学生在学习过程中的主动接受性，才能在科学的马克思主义理论的引领下，真正实现中华民族的伟大复兴。

（二）关注学生的身心特点

人的个性是独立的个体在社会实践生活中形成的区别于他人的特质，新时代高校大学生的显著个性主要表现为精力旺盛、个性鲜明，思维观念多样且多变。这要求我们在教育过程中应当尊重高校大学生成长规律，把握他们的思想实际和身心特点，拒绝千篇一律，做到因人而异，因材施教，理解尊重学生的个性差异，包容看待存在特殊情况的个体，针对不同主体的不同情形对高校大学生进行有区别、有分类的教育工作，为高校大学生个性的充分自由发展提供空间，运用学生喜欢的合理方式进行教育，让他们真切感受到被尊重，进而培育健康、积极的人格。譬如，学校可以借助多种网络新途径整合线上线下的相关教育资源，运用各式各样的、契合学生思想实际的形式，以激发青年学生强烈的思想共鸣，使其自主将所学内容内化为价值观念，外化为切实行动，提升教育效果。

（三）坚持科技与教育相结合

在现代是大数据、人工智能的时代，各种科学技术层出不穷。思政教育作为教育体系中极为重要的一环同样也需要跟上时代潮流，利用科学技术促进教学方法的创新与发展。先进教育必须更注重培养能力，但能力必须与自身知识体系结合在一起才能发挥更大效用。所以努力做到知识与能力的结合才能在科技时代实现科技与教育的创新发展。要想让思政教育的实效性得到提升，广大普通高等院校思政课程教师一定要将自己置身于科技发展水平不断推进的历史发展进程中，做到因势而新。思政课教师要正确认识我国与其他西方发达国家之间的差异，全面、客观地认识当代中国教育环境，并与国际接轨，不断提升自身教育的质量与水平。在教育手段上的创新往往体现着一个学校对思政教育的重视程度，不断开展课外的实践活动,如田野调查或红色之旅等方式是让青年学生了解当代中国与近代积贫积弱备受屈辱的中国最直接的方式,也是历史与现代的一次跨时空连接。还有线上慕课等大量利用网络平台衍生出的全新的教育教学方法,不仅创新了思政教育的传播模式,也合理优化了对被教育者的考察结构。基于此,各大普通高等院校更应该积极合理地利用其网络平台,对大学生进行多方引导,合理上网、文明上网,全面提高网络化时代普通高等院校学子的整体素质。

(四)加强教育环境基础建设

校园文化环境无论是对教师还是对学生都会产生极为重要的影响。在普通高等院校教育中,积极推进立德树人教育环境的基础建设就是坚持以人为本原则发展创新思政教育。首先,要把师德师风建设放在首要位置,教师不仅是专业知识的教授者,同样也是道德教化的传播者,师风师德建设是普通高等院校立德树人教育环境基础建设的最重要一环。这要求普通高等院校教师不仅要有高学历,还要具备高尚的品德,只有这样才能对学生产生积极正面的影响,对整个普通高等院校环境起着至关重要的作用。其次,必须把马克思主义的指导作用放在首位,以科学性和革命性统一的马克思主义指导思想为主体,根据受教育者的需要开展丰富多彩、创意十足的校园文化活动,具体切实贯彻要理论上有指导、实践中有规范。最后,要在校园网络平台中坚持宣扬立德树人理念,将普通高等院校人本原则的思政教育方法和观念合理植入学生群体心中,让他们从内心产生强烈的认同感和荣誉感,并且以自身行动积极维护校园文化环境的创建。

(五)实现高校大学生和高校教师双主体地位

在思政教育中,教师扮演了一个举足轻重的角色。虽然大学生在生理上已经成年,他们朝气蓬勃,勇敢上进,但与此同时他们同样也是一个意志力较为薄弱的群体,世界观、人生观、价值观还未完全扩充完整。基于此,就需要教师正确、合理地引导,这样可以有效避免大学生在意识形态上产生偏差,也能避免对个人甚至学校和社会产生严重的负面影响。普通高等院校思政教育首先就是要发挥出教师的引导作用,教师要充分了解学生的成长环境以及人生经历,尊重其个体的独立与个性,将理论知识逐步以学生所能接受的方式方法传授给学生。其次要尊重学生的主体地位,发挥学生的主体作用。思政教育工作者必须让学生意识到自己的主体作用,使其产生强烈的主体意识,在日常学习和生活的交流中逐步培养起学生的自觉学习态度,真正做到心中有律,行动有规。只有在业内达成教育者与被教育者双主体地位的共识,才可以让思想教育理论不断地得到创新与发展,加强思政教育在现实生活中的实践作用,使主体之一的受教育者成为我国社会主义现代化建设的中坚力量。

四、融会贯通原则

(一)做好话语转换

思政教育话语作为一种言语符号,促进师生之间的有效交流与沟通是它最重要的任务,是顺利开展思想政治教育工作必不可少的媒介,高校思政工作者善于巧妙艺术地运用思政教育话语亦是必需。

当下,思想政治理论课面临的一个十分尖锐的问题就是实效性,也就是教学目标的达成情况不理想。不言而喻,这与思政教育话语是密不可分的。

首先,思政理论话语应当是具有显著时代性的,不同的话语体系体现的是不同的时代特征,因此其话语内容应当在意识形态一元化的基础上被赋予新的时代内涵,长期偏离时代、形式单一是不利于新时代下高校思政工作的开展的。

其次,思想政治理论课的教材话语惯用严肃的政治话语去表述党的路线、方针、政策,运用深奥的政治理论去解释晦涩的理论,具有极强的政治权威性。但在思政教育过程中,学生更倾向于用大众化、生活化的学习方式和借助日常生活话语来表达自己的思想观念和思路见解,而单纯使用控制式、劝说式的方法和文本色彩太过浓厚的教材术语就很难激起学生的兴趣热情、心灵共鸣和价值认同。

最后,新媒体时代背景下的大学生追求个性化、差异化和独立性,主体意识日趋增强,对于思政话语,他们在客观事实上接受只是基础,但更根本的应是价值认同和信仰性接受。尤其马克思主义理论体系具有丰富的内涵,如果教师在授课过程中话语不经转换,而是照本宣科、原封不动地对大学生进行理论灌输或政治宣讲,不仅科学理论的丰富内涵没有得到深入的解读,而且会引发学生的排斥感和逆反心理,教学效果相应也会下降。

为此,新时代下如何契合大学生的学习诉求,恰当合理地转变调适话语方式,运用学生能听懂听进的、喜闻乐见的、易于接受的话语表达来传递一些宏大权威的政策、文件、理论话语,将思想政治理论转化为遵循学生成长规律、适应学生发展特点的教学话语,使之成为对学生成长管用的道理已成为提升思想政治理论课实效性的关键之一。高校思政教学语言应是面向大学生生活实际和内心世界的,并且在关注他们兴趣爱好的同时,也应给予学生一定的空间和更多的话语权以充分表达自己的声音,阐释自己的独特见解和思想理念,只有这样,才能让思政教学更加有生命力、有意义、有活力。

（二）善于潜移默化

所谓潜移默化的隐性思政教育，它是一种把教育内容融入环境、文化和生活当中的，能够不为教育对象所意识到的，教育引导受教育者在良好的氛围和各项活动中形成某种体验感受并潜移默化地内化为自己思想价值观的教育形式，体现出教育目的隐蔽、教育手段间接和教育过程轻松等特征。它强调润物无声地发挥效应，能够有效降低学生反感情绪或逆反情绪产生的可能，使其在不知不觉中受到健康向上的熏陶教育。

当代大学生个性鲜明，头脑灵活，对于纯粹的理论教学、灌输教学略有排斥，而且大学生的道德情操和价值观念不是单纯通过课堂上的讲解就能获得的，而需要在学习和生活中循序渐进地汲取和提升。

首先，从尊重当代大学生的成长规律出发，正确了解和掌握学生的思想现状和成长需求，运用正确的、贴近生活与实际的教育方法潜移默化地感染大学生，实现"生活处处有思想政治理论课"，思政教育无时不有，无处不在，让部分学生摒弃思想政治理论"假大空"的观点。

其次，创设具有隐性教育作用的教育环境。思想政治教育仅仅依靠思想政治理论课的灌输和相关工作人员的说教是不行的，它需要借助各部门人员的合力激发大学生的思想共鸣。

最后，潜移默化的思政教育具有教育目的隐藏的特性，高校可以以多姿多彩、生动活泼的形式吸引青年，合理选择新时代大学生认可的丰富多样的载体和方式，紧紧围绕学生的日常生活与实践活动，并把合适的生活素材融会贯通于思想政治教育内容当中，让学生在别具匠心又轻松和谐的环境氛围中受到潜移默化的教育。据此，高校教育者应当努力探索教育内容与大学生生活实际的可融合之处，并把它贯穿于高校系统的每一个要素，让学生在情理交融、循循善诱过程中不知不觉地接受熏陶教育，达到"润物无声"的效果。

（三）注重实践养成

列宁认为，那些从共产主义书籍中得到的、离开工作和斗争的有关共产主义的知识是一文不值的。人的全面发展也是从生活实践中总结出来的，在社会风浪中拼搏出来的。幸福都是奋斗出来的，只有凭借自己勤劳的双手艰苦奋斗、埋头苦干，才能成就完全属于自己的精彩人生。因此，大学生要立足于整个国家和社会的发展，以服务国家、服务社会和服务人民为宗旨，把中国梦的精神力量运用到个人日常工作中去。即使我们的物质生活水平在不断提高，也不能持有"艰苦奋斗过时了"的错误思想，因为不论是从中华民族自强不息的奋斗历史看，从中国的现实国情看，从民族复兴的奋斗目标看，还是从实现共产主义的远大理想看，艰苦奋斗这种宝贵的品质都是永远不会过时，值得我们所有人珍视的。因此，高校思想政治教育应特别注重深入基层、深入群众的实践教育，真正让大学生敢做、会做。

实干圆梦，实干兴邦，离开了实践，再好的思政教育都是空中楼阁，昙花一现。就"重视实践"这一观点，历届国家领导人不厌其烦地多次强调过，即使到了新时代的今天也仍然大有裨益。一方面，参加校内外实践可以让学生在服务社会的过程中认识到自己的价值，在切实的自我体验过程中有所感悟，从而转化为自己的道德认知和与之相适应的道德行为。另一方面，参加实践活动可以让学生看到、了解到很多没有接触过的事物，帮助学生开阔视野，增强思考解决问题的能力，把在校学习的理论运用到实践也能及早发现自己与工作岗位所需的素质之间的差距，并更加珍惜校园生活，及时充电，弥补不足。

另外，大学生在校的主要时间和任务虽然是接受课堂教学，但作为教育者不能局限于书本知识，只关注理论灌输，由于社会环境、校园文化和教师有效引导等因素的影响，学生对于课外甚至校外的活动热情日趋高涨，自身的实践能力也在逐步提升，这都为高校实践教育奠定了很好的基础。因此，在思政工作中，教师可以充分利用生活中那些能够引发人的感动和思索的事迹，并以此作为引导学生得到启发，再运用到个人生活中去的教育资源。为增强学生的社会责任感，教师还要注重引导学生深入社会、了解社会，根据学生的实践需求组织学生参与活动，实现知行合一。

五、心理相容原则

心理相容是一种群体特性，是指群体中各成员之间由于理想、信念、观点一致而形成的一种融洽的心理交往状态，是良好人际关系在人们心理上的反映。每个人都是独立的个体，由于所处社会环境不同、社会经历各异以及认知水平参差不齐等，个体之间存在一定差异，主要表现在能力、思维、兴趣爱好、性格和气质等方面。在实际生活中，个体之间又有着相互联系、相互依存的关系，只有承认自身与他人的差异，做到相互理解、相互包容、相互信任和相互支持，个体之间的关系才能呈现出良好的发展趋势，社会也才能和谐发展。心理相容是实现个体之间"你中有我，我中有你"融洽关系的前提和保证。单独的个体只有在充满信任、理解、包容和情感交流的心理环境中，才能激发其主观能动性，使其更具活力、创造性、创新性，更能以乐观健康的心态面对生活、学习以及工作，实现自身价值。个体之间只有心理相容，才能创造一个积极的心理环境，从而将个体的力量凝聚在一起，齐心协力实现集体的奋斗目标。

（一）在实践活动中发挥学生的主观能动性

对于思政教育工作来说，实践活动是其第二课堂，教育者应该有意识地对实践活动进行组织，并且应该积极参与其中，通过实践活动，使学生能够领悟理论知识，并对其进行运用，对实际的疑难问题进行探索，并且加以有效解决，同时实现自我价值，将学生探索真理的欲望激发出来，发挥其主观能动性，使学生积极投入学习，补齐自身的短板，全面健康地发展。教育者可以与大学生一起策划、一起讨论，确保实践活动的可行性、安全性、实用性，做到与学生同思、同做、同苦、同乐，形成一个轻松愉悦的教育教学氛围。教育者要让学生放下防备心理，增加与大学生的双向交流互动，潜移默化地传播正能量，发挥自身模范作用，成为学生成长过程中的带头人和引路人。

（二）提高教师的自身修养

教育者对待学生要做到真诚、热情、通情达理、善解人意，外在做到仪态大方、行为举止得体，那么学生自然愿意与教育者交往交流。这时教育者再通过交流给予学生思想启发，丰富其情感，满足其心理需求。除此之外，在进行思政教育的时候，教育者有教育主体与教育客体的双重身份，在开展教育的同时接收学生的反馈，根据反馈改进自身不足，不断完善自我，促进教育方式方法和教育内容与时俱进、与生俱进，实现教育者与大学生的心理相容。

（三）构建高校大学生和高校教师平等关系

在开展思政教育工作的过程中，教育者要放下高高在上的教师形象，以朋友、亲人的身份出现在大学生面前。只有当高校大学生和高校教师双方处于一种平等和谐的关系时，大学生才会感到轻松愉悦，没有心理压力，乐于与教师坦诚地沟通交流，说出心里话。在生活上，教育者要像亲人、长辈一样主动关心大学生，让他们在充满爱意的家庭中成长，使其对教育者产生心理信赖感。在学习上，教育者不仅是教师，还是学生的朋友，要主动帮助大学生，做一个真诚的倾听者，适时给予学生正确的指导，让他们产生心理依赖感，化解对立情绪和逆反心理。

第四节　新时代高校学生思想政治教育的理论基础

一、马克思主义的人学理论

（一）关于人的本质学说

人类社会是自然界发展到一定阶段的产物，是物质世界的高级运动形式和存在形式。辩证唯物主义和历史唯物主义通过对社会物质生产劳动的考察，揭示了人类社会与自然界的对立统一关系，丰富了对人的本质的认识。马克思主义关于人的本质的学说主要包括三个方面的内容。

首先，劳动是人类的本质活动。人是自然界发展的产物，是自然界的一部分。但人类社会产生之后又是一个不同于自然界的特殊性社会历史创造过程。一定意义上讲，劳动产生于人类赖以生存的客观自然界与人的自然力相结合，因此，劳动是人和自然之间相互作用的物质过程。

其次，人的本质是一切社会关系的总和。物质资料的生产是人类社会存在和发展的基础，人类在物质资料生产过程中，不但要与自然界产生相互作用形成人与自然的关系，更重要的是，作为个体的人从一开始就面临着无法独立进行全部的物质资料生产的问题，因此，在人类认识世界和改造世界的过程中，人与人之间必须彼此联系、相互作用，结成一定的社会关系。由此可见，没有人与人之间的这种"主体与主体"之间的相互关系，人与自然之间的"主体与客体"之间的"生产"关系将不复存在。"主体与主体"之间的相互关系影响着人类认识与改造自然的能力与水平。因此，人的本质不能局限在单个的自然人身上，必须从人类社会来进行发掘，而社会生活的全部内容就体现在人与人之间发生的社会关系上。

（二）关于人的自由而全面发展理论

马克思主义关于人的自由而全面发展的理论，为思想政治教育最终目标的确立指明了方向。马克思、恩格斯继承和发展了千百年来关于人类解放与每个人自由而全面发展的优秀思想成果，在人与自然和谐统一的物质观基础上，阐释了人的社会本质及人类解放的科学内涵。全面深入地研究了人类解放的现实条件和正确道路，为人类社会的未来发展和实现教育的最终目标指明了方向。

首先，人的自由而全面发展是马克思主义关于未来社会发展的理想目标，是科学社会主义的基本原则。关于人的发展与未来社会的走向问题，一直是中外学者所关注的焦点话题。中国古代的理想社会分别是"并耕而食""小康社会""天下大同"。道家的理想人格是：至人无己，神人无功，圣人无名；儒家的理想人格是："修身、齐家、治国、平天下"，君子"穷则独善其身，达则兼济天下"。

与一般的思想家不同，马克思、恩格斯适应社会发展的需要，在新的历史条件下创立了唯物史观，揭示了社会发展的客观规律，阐明了生产力和生产关系的矛盾运动是社会发展的根本动力，生产方式的变革是社会发展的决定力量。并运用科学的世界观、方法论，从商品入手研究了资本主义社会经济运行的基本规律，创立了剩余价值学说，科学论证了资本主义必然灭亡，社会主义必然胜利的基本原理。

其次，人的自由而全面发展包含丰富的科学内涵。人的自由而全面发展是马克思主义对未来社会人的生存状况和发展趋向的本质性规定。人的自由而全面发展包括了人的需要的全面满足、人的素质的全面提升、人的能力的全面发展、人的社会关系的高度和谐、人的个性自由得到充分展示。人的需要的全面满足既是对物质需要的极大满足，又是对精神需要的极大满足，其本质是社会的物质文明和精神文明达到高度发达的水平。人的素质的全面提升是指在未来的共产主义社会，每个人从自在、自为、自觉状态完全进入自由状态，实现人的解放。

最后，人的自由而全面发展实现的路径是人的"彻底解放"。未来的共产主义社会与人的自由而全面发展的实现需要一定的社会历史条件。其中，生产力的发展对人的自由而全面发展起着决定性作用。只有生产力发展达到了非常高的阶段，人们才能真正摆脱自然力和社会关系对人的束缚，使每个人的自由发展成为一切人自由发展的条件。这就意味着，人们在改造自然的过程中成为自然的主人，人们在改造社会的过程中成为独立自由的主体，人们在摆脱已有的思想观念束缚获取知识上成为自身的主人、成为思想自由的人。人类的彻底解放，标志着人类从必然王国飞跃到了自由王国。

二、列宁关于教育的相关理论

（一）思想政治教育的内容

列宁在其革命实践中一生致力于教育事业，认为教育对无产阶级革命事业的发展起到重要的推动作用。列宁在马克思主义理论的基础上，从无产阶级革命的特点以及实践理论出发，形成了一系列系统的思想政治教育内容，丰富和发展了马克思主义理论。

1. 列宁将世界观教育作为其思想政治教育内容的基础性部分

在无产阶级世界观教育方面,他将历史唯物主义与辩证唯物主义的方法相结合,尤其重视对青少年的教育,在对共青团做意识形态教育工作中反对超阶级道德理论[①]。列宁以矛盾和联系的观点看待时间和空间的关系,以至于他认为儿童和青少年的发展轨迹符合其规律,是辩证统一的。

2. 列宁在革命事业中为无产阶级培育劳动者

无产阶级人生观教育是其思想政治教育内容的核心之一。对无产阶级进行人生观教育主要是帮助其树立为共产主义事业努力奋斗的价值观,坚定无产阶级信念感,培养敢想敢干、不怕吃苦的劳动精神。

3. 列宁主张法制教育

俗话说:"没有规矩,不成方圆。"法律对于一个国家来讲起到重要的保障作用。因此列宁在其思想政治教育内容中,注重对人民进行法制观念的教育和培养,让人民知法懂法,学会用法。为让社会养成遵守社会主义法律的良好风气,列宁通过制定劳动纪律制度来完善法制观念,让人民切身感受到纪律意识和规则意识,树立依法治国的理念。

4. 列宁注重对公民进行道德观的教育

这是对公民进行思想政治教育的关键。主要包括善恶观和荣辱观的教育,这也是我国思想政治教育内容所继承和发展的方面。经济基础决定上层建筑,上层建筑反作用于经济基础。要想适应于社会主义先进生产力,就需要有更高水平的道德观。列宁曾经提出"人人为我,我为人人"的观点,说明与先进生产力相适应的道德观是无私的,是符合广大人民根本利益的,是善的。同理,列宁在阐述个人主义与集体主义关系时,认为符合集体利益,坚持以集体利益为重而非关注个人利益的是善的道德观。列宁没有关于荣辱观直接清晰的理论,但在其思想政治教育内容里,无不体现荣辱观的教育。以人道主义来说,列宁认为符合无产阶级人道主义的,就应该得到社会的夸奖、赞扬和肯定,反之就要受到社会的谴责和惩罚。

(二)思想政治教育中的方向性

列宁认为教师在思想政治教育中是主导者。"当教师在授课时,思想政治教育方面需要保障正确性。"[②] 当教师在授课中出现了政治偏离,会导致人才培养出

---

① 列宁.列宁全集:第31卷[M].北京:人民出版社,1958.
② 列宁.列宁教育文集:上卷[M].北京:人民出版社,1984.

现问题，并且其所教育出的人才会与国家所需要的人才截然相反，无法为国家发展作出贡献，甚至会对社会产生不良后果。列宁在哲学等社会学科方面表示学校的方向以及性质需要积极向上，教师不能够在课上对马克思主义进行批判和质疑，甚至提出自身与其相悖的哲学观点。

结合以上研究可以发现，马克思主义在教育当中的指导作用，提高其在教师授课时的引导作用，同时也为哲学社会科学课程提供帮助，促进"课程思政"的形成发展，给教师提供理论基础。

三、中国传统文化中蕴含的思想政治教育元素

（一）中国传统文化中的"仁""德"与"创新"思想

中国传统文化历史悠久、内涵丰富，其中不乏道德和德育思想。中华优秀传统文化为思想政治教育提供了丰富的素材。"仁"是《论语》中的重要概念，孔子把"仁"解释为"礼"的精神内核，孔子认为勇敢、忠诚、聪慧等都是"仁"，但"仁"又不仅是这些，"仁"是一个不包含具体内容的概念，孔子认为"克己复礼为仁""仁者爱人"，孔子对此作出了不同的解答。黄慧英认为："'仁'所具备的普遍性不仅不会在应用时令人忽略了实际情况的特殊性，反而正因为意识到每一处境的独特性，从而照顾到这些独特性。"[①]《论语》中的"德"有道德、德行、德性等意义，关于道德，孔子曰："泰伯，其可谓至德也已矣。三以天下让，民无得而称焉。"[②]德行，广义的德行之行为状态，狭义的德行之道德的行为。德性即道德的品质。孔子认为最高层次的"仁"是超越具体德性的，由此可见，"仁"在孔子思想中占据重要地位，所以把孔子的道德思想又称为"仁德"。孔子认为，我们应坚持不懈地去追求它，要把它作为自己的最高道德理想，孔子认为立足于"仁"，才能拥有"仁德"的品质，只有面对艰难险途也不做违背道义之事的人，才能培养出"仁德"的品质。习近平总书记从中华优秀传统文化中汲取了丰富的营养，形成了自己独特的德育思想。党的十八大报告明确提出，把立德树人作为教育的根本任务，这突出了德育在学校教育中的地位。习近平总书记指出："全国高等院校要走在教育改革前列，紧紧围绕立德树人的根本任务，加快构建充满活力、富有效率、更加开放、有利于学校科学发展的体制机制，当好教育改革排头

---

① 黄慧英. 儒家伦理：体与用[M]. 上海：上海三联书店，2005.
② 孔子及其弟子. 论语[M]. 陈晓芬，译注. 北京：中华书局，2016.

兵。"①国无德不兴，人无德不立，我国教育必须始终坚持落实立德树人根本任务，培养出德才兼备之人。

创新是一个国家兴旺发达的不竭动力，我国古代圣贤从未停止探究创新的脚步，创新思想被记录在我国文献典籍中。汤之《盘铭》曰："苟日新，日日新，又日新。"②商朝开国君主成汤告诫世人创新是一个动态过程，创新的脚步是不能停止的，必须以一种革新的态度推动社会进步。当今世界日新月异，面对瞬息万变的时代，我们只有拥有创新能力，才能跟上时代的步伐，才不会落伍。《易传》更是对创新作出了哲理性的概括，中国现代哲学家、哲学史家张岱年评价道："《易传》的'天行健，君子以自强不息。地势坤，君子以厚德载物。'这两句话在铸造创新精神上起到了决定性的作用。"③创新思想流淌在我国古代建筑物、史学典籍中，翻涌在历史的长河中，创造了巨大的文化价值和社会价值。在新时代背景下，我们会面临更多困难与挑战，所以思想政治工作必须有所创新、有所突破。宣传思想文化工作必须坚持马克思主义的指导地位，不断推进理念创新、内容创新、手段创新，不断掌握规律。

（二）中国传统文化中的兼容并蓄思想

1. 兼容并蓄的哲学传统

中华民族具有悠久的历史，在上下五千年的历史长河中，创造了辉煌灿烂、博大精深、源远流长的中国传统文化。中华优秀传统文化沉淀着中国人民自强不息的精神追求，代表着中华民族独特的精神风貌，为社会的生生不息、民族的伟大复兴、国家的繁荣富强提供了丰厚的滋养，今天依然是我们推进改革开放和社会主义现代化建设的强大精神力量。兼容并蓄向来是中华优秀传统文化的特质之一，具有开放包容、平等共处、协调发展的文化基因与价值优势。春秋战国时期，出现百花齐放、百家争鸣的局面，各种思想不断涌现，彼此激荡。以孔子为代表的儒家思想家提出了"克己复礼""泛爱众而亲仁"的思想，主张建立以"仁"为中心的"和而不同"的"和""合"社会，强调"君子和而不同，小人同而不和"的人际关系。秦汉时期，天下殊途同归，中国进入了封建"大一统"时期。秦王朝建立之后，"一法度衡石丈尺。车同轨。书同文字"。汉代倡导礼法，德行并重。后历经三足鼎立，天下久分必合。魏晋南北朝时期，玄学风行，文人崇尚自然，

---

① 习近平. 习近平谈治国理政：第一卷[M]. 北京：外文出版社，2018.
② 曾参，子思. 大学·中庸[M]. 王国轩，译注. 北京：中华书局，2016.
③ 张岱年. 张岱年全集：第6卷[M]. 石家庄：河北人民出版社，1996.

张扬个性,是一个思想解放、兼容并包的时代。此时,佛教开始在中国广泛传播,出现了儒、释、道三教合一的趋势。进入隋唐时期,社会开明、经济发达,在文化领域形成了一种多元文化格局。唐文化的兼容并包主要表现在对待诸多外来文化,如京城长安的景教、羌笛、琵琶、胡舞等外来文化元素上,兼容并包是唐代文化发展繁荣的一个重要特征。自宋明理学开始,中国哲学思想逐步走向了保守与衰落。程朱理学吸收了历代儒学的思想精华,强调"理一分殊",使中国儒家思想形成了更加严密的"形而上学"概念体系。1644年清军入关,开始了清王朝268年的统治,满汉文化交流融合,交互共生。自鸦片战争之后,西风东渐,国难当头,诸多仁人志士提出了"中学为体,西学为用"思想。民国时期,蔡元培先生担任北京大学校长时,他倡导"思想自由、兼容并包"的办学方针,对北京大学的发展影响深远。综上所述,中国传统文化中的兼容并蓄思想经久不息、历久弥新,充分说明中华民族是一个不断学习进步、不断转化创新的海纳百川的民族。

2. 有容乃大的君子人格

"为人处世"之学是中国传统文化研究的重点。《周易》中讲"天行健,君子以自强不息;地势坤,君子以厚德载物"。自强不息、厚德载物的思想,孕育着中华民族的宝贵精神品格,培育着中国人民的崇高价值追求,支撑着中华民族生生不息、薪火相传,使中华文明源远流长,绵延不绝。同时,"君子人格"是儒家思想所追求的为人处世的理想境界。"君子"一词在《论语》中属于高频词汇,一共出现了107次,君子人格伴随《论语》的流传而走入国人的心中。世界各个民族对个人优秀品格的追求如出一辙,英国人塑造了风度翩翩"绅士"形象,中国儒家传统思想文化对君子人格的设定内容丰富而广泛,包括了容貌、德行、学问、才思、情趣等。其中有容乃大是"谦谦君子"的优秀品格,就是指君子的为人处世要胸襟博大、宽厚仁慈,谦虚谨慎、和而不同,兼容并蓄、博采众长。孔子曰:"君子坦荡荡,小人长戚戚。"就是说做人要像君子一样心胸宽广,视野开阔,从大处着眼,小处着手,而不能像小人一样,心胸狭窄、鼠目寸光、斤斤计较。孔子曰:"君子成人之美,不成人之恶。"意思是作为君子,要帮助好人广做好事,不助纣为虐帮助坏人做坏事。"君子乐见万物生,而不乐见死。""小人乐闻君子之过,君子耻闻小人之恶。"孔子曰:"君子泰而不骄,小人骄而不泰。"意思是指君子为人处世,态度端正安详,面容舒展而泰然处之,即使是位高权重也不骄傲自满,相反小人往往会志得意满,骄矜傲慢,盛气凌人,很难做到平和坦荡。这些至今依然广为流传的君子格言,已经不同程度地成为中华儿女为人处世的生活信条,成为人们做人做事的价值判断和行为准则。它以习用而不察,日用而不觉的形式影响着我们认识问题的视野、思考问题的角度，规范着我们处理问题的方式，调整着我们与人相处的态度、作风和格调。它如同血脉一样流淌在每一个中华儿女的身上。

3. 兼济天下的家国情怀

儒家的"君子人格"重视自我的修身养性，但修身养性的目的是要正确处理个人与他人、个人与社会、个人与国家、个人与天下的关系。《礼记·大学》中讲"格物、致知、诚意、正心、修身、齐家、治国、平天下"。因此，君子必须具备"兼济天下"的家国情怀，做到"穷则独善其身，达则兼济天下"。这种思想为历代文人学者所推崇。孔子曰："君子喻于义，小人喻于利。"可见君子乐得其道，小人乐得其欲。在《孟子·梁惠王上》中提到"老吾老，以及人之老，幼吾幼，以及人之幼"，意思是要孝老爱亲、尊老爱幼，要推己及人，己所不欲，勿施于人。楚国诗人屈原在《离骚》中讲："长太息以掩涕兮，哀民生之多艰。"倾诉了诗人对人民生活的关切，终因报国无门，秦军入楚，山河破碎，抱憾投江。唐代现实主义大诗人杜甫在《茅屋为秋风所破歌》中讲道："安得广厦千万间，大庇天下寒士俱欢颜"。在秋风起、茅屋破，何以安生的境遇下，诗人触景生情，推己及人，憧憬广厦万间，寒士欢颜。表达了希望变革"朱门酒肉臭，路有冻死骨"的黑暗现实之崇高理想，是诗圣忧国忧民爱国情感的自然流露。宋代范仲淹在《岳阳楼记》中讲"先天下之忧而忧，后天下之乐而乐"。他将国家民族利益置于个人利益之上，将为国担忧、为民分愁放在个人安乐之前，表现出诗人远大的政治抱负和广阔的世界情怀。国家兴衰、民族存亡与每一个人的生计息息相关，面对山河破碎的凄凉境况，顾炎武在《日知录》发出了"天下兴亡，匹夫有责"的慨叹。孙中山先生则提出"大道之行也，天下为公"，希望以资产阶级的民主共和替代封建君主以国为家、家国一体的专制统治。凡此等等都是"兼济天下"的家国情怀的具体体现。

第三章　新时代大学生思想政治教育的创新发展

本章为新时代大学生思想政治教育的创新发展；主要从大学生思想政治教育观念的创新、大学生思想政治教育内容的创新、大学生思想政治教育载体的创新、大学生思想政治教育方法的创新四个方面进行了介绍。

第一节　大学生思想政治教育观念的创新

思想观念是实践的先导。创新大学生思想政治工作理念，目的是从工作理念上明确时代新人培育下如何推进大学生思想政治工作。

一、坚持立德树人，强化为党育人、为国育才的工作理念

完成中华民族伟大复兴的历史使命和时代责任需要一支合格的人才队伍。高校是培育人才后备军的重要场所，做好高等教育工作是社会主义建设能够拥有合格的接班人的前提保证。"培养什么人、怎样培养人、为谁培养人"是高校面临的首要问题。立德树人是教育的根本任务，要求把立德树人作为高校思想政治工作的中心环节。"立德树人"是我国高校人才培育工作的根本遵循。在2018年9月10日召开的全国教育大会中，习近平总书记进一步指出我国是中国共产党领导的社会主义国家，教育的目的是为社会主义建设提供人才支撑。高校"立德树人"的核心要求是要促进大学生德智体美劳全面发展，为我国的社会主义事业发展培养合格的建设者和接班人。因此，要加强对大学生的初心和使命教育，在大学生思想政治工作中坚持为党育人、为国育才的工作理念，让大学生树立为人民谋幸福、为民族谋复兴的思想。

（一）要坚持社会主义办学方向

我国的国家性质、我国高等教育发展的历史经验、新时代高等教育的发展需

要决定了我国大学生思想政治工作必须坚持社会主义办学方向。一是要加强和改进中国共产党对高校的全面领导，将大学生牢牢团结在党的周围。二是要坚持以马克思主义理论体系指导大学生思想政治工作。马克思主义经典著作常读常新，高校要加强对马克思主义经典著作的研究。另外，马克思主义要与时俱进，要推进马克思主义与中国国情结合，促进马克思主义中国化。

（二）要加强理论教育

一方面，加强对高校教师理论宣传工作，确保其服务于我国社会主义高校建设和发展需要。特别是对于高校中的民主党派成员以及群众，要加强统战工作，促使其在育人工作中传播主流意识形态。另一方面，加强大学生的理论教育，让大学生用马克思主义理论武装头脑。利用课堂、校内活动、校外实践、新媒体等各种形式开展大学生理论教育，推动社会主义核心价值观转化为大学生的情感认同和行为习惯，增强大学生的"四个意识"，使大学生树立"四个自信"，自觉做到"两个维护"，坚定大学生的理想信念。

二、坚持学生为本，强化德才兼备、以德为先的工作理念

历史唯物主义认为，人民群众是历史的创造者，是推动人类历史不断向前发展的决定力量。思想政治工作从根本上说是做人的工作，必须围绕学生、关照学生、服务学生。因此，要坚持以学生为本，促进大学生的成长成才。

当代"00后"大学生是伴随着国家快速发展而成长起来的强国一代，他们往往热爱张扬个性、表达自我。在高校的育人工作中，高校教师要结合当代大学生的个性特征，促进大学生德智体美劳的全面发展。在德育、智育、体育、美育、劳动教育这五大育人内容中，德育、智育是其中的核心内容。正如《国家中长期发展改革规划纲要》指出："牢固确立人才培养在高校工作中的中心地位，着力培养信念执着、品德优良、知识丰富的高素质专门人才和拔尖创新人才。"这阐明了高校工作的根本任务是培养出德才兼备的高素质人才。所谓"德"指的是有担当，德育要求当代大学生接过前人的接力棒，为实现中华民族伟大复兴的中国梦做最后的冲刺；所谓"才"，实际上是要求有本领，它要求大学生拥有实现中华民族伟大复兴的能力。因此，学校教育应该把德育放在首位，强化德才兼备、以德为先的工作理念。

其一，高校要不断加强对教师育人理念的培训。可利用新上岗教师培训、专业责任教师培训、教育教学改革培训等多种措施，促进教师育人理念的培训，切

实增强高校教师教育学生、引导学生、关心学生、帮助学生的意识和能力，促进每个学生的成长进步。同时，促进高校教师进一步养成在思想政治工作中主动研究、加强思想政治教育功能的自觉意识和能力。其二，高校要建立相应的人才培育评价标准。要改变高校"唯分数论"等片面的人才培养体系，建立以学生为中心的全面、客观的人才培育评价体系。

三、坚持统筹兼顾，强化全面协调、综合推进的工作理念

2017年2月，中共中央、国务院颁布《关于加强和改进新形势下高校思想政治工作的意见》，强调："坚持全员全过程全方位育人。把思想价值引领贯穿教育教学全过程和各环节，形成教书育人、科研育人、实践育人、管理育人、服务育人、文化育人、组织育人长效机制。"[①] 根据上述精神，大学生思想政治工作要做到全面协调、综合推进，即坚持"三全育人"的工作理念。

第一，全员育人工作理念明确了大学生思想政治工作育人主体为全体高校教职工。这就要求：其一，高校思想政治理论课教师要发挥思想政治理论课主渠道的作用；其二，辅导员要把握大学生的思想动态，帮助大学生解决生活、学业等方方面面的困难；其三，专业课教师要围绕"立德树人"来开展工作，在专业课教学中充分融入思想政治教育因素，在教授理论知识的同时做好价值观引导。

第二，全过程育人工作理念强调大学生思想政治工作贯穿于大学生活始终。这要求大学生思想政治工作体现在日常课堂教学、日常校园生活、社会实践活动等各个方面，从而实现显性教育和隐性教育的结合。

第三，全方位育人要求构建"十大育人"体系的大学生思想政治工作格局。"十大育人"体系中每个要素都要去落实，比如网络育人要求探索如何构建思想政治工作新阵地。另外，"十大育人"体系中各个要素构成了一个整体，要使它们同向同行，形成协同效应。

---

① 中共中央国务院印发《关于加强和改进新形势下高校思想政治工作的意见》[N]. 人民日报，2017-2-28（01）.

第二节　大学生思想政治教育内容的创新

一、加强理想信念教育

围绕时代新人的培育，加强理想信念教育就是要引导大学生认同共产主义远大理想和中国特色社会主义共同理想，投身中国特色社会主义建设，做新时代中国特色社会主义的建设者和接班人。

（一）完善大学生理想信念教育的组织体系

新时代，加强大学生理想信念教育的组织规模日渐扩大，着力构建涵盖中国共产党领导下的高校、共青团、青年社团等协同发挥作用的组织体系，丰富了大学生理想信念教育的形式和场所。首先，高校应健全理想信念教育机制，通过思政课教学对大学生进行理想信念教育，强化高校思政课教师队伍建设，为大学生理想信念教育提供人才保障，注重培养大学生自觉接受理想信念教育的能力，同时利用网络拓展教育方法和建立大学生理想信念的网络监督机制。其次，拓展高校共青团组织发挥理想信念教育的功能，通过自上而下的理论宣传，明确大学生理想信念教育的方向性和引领性。此外，高校共青团与青年社团组织相联系，使大学生通过参与社团活动的实践，强化自身理想信念。各式各样的青年社团通过自下而上的组织互动，充分调动大学生自身的积极性和主动性，使共青团成为联系党与众多青年组织的纽带，中心作用得以凸显，最终形成党领导下以共青团为中心的多种青年社团协同发力的组织结构。

（二）强化大学生理想信念教育的实践机制

马克思指出："人们的意识，随着人们的生活条件、人们的社会关系、人们的社会存在的改变而改变。"[1] 大学生理想信念的养成，离不开其所处的社会生活。因此，必须注重大学生的理想信念教育与大学生的社会生活实际相结合，与国家发展实践紧密结合。进入新时代，首先要使理想信念的培养融入大学生的生活之中，以体现青年理想信念教育与青年的家国责任密切相关。党的十八大以来，习近平总书记从民族复兴的高度，鼓励广大青年"努力在实现中华民族伟大复兴的中国梦的生动实践中放飞青春梦想"[2]。大学生作为实现中华民族伟大复兴中国梦

---

[1] 马克思，恩格斯.共产党宣言［M］.北京：人民出版社，1964.
[2] 习近平谈治国理政：第1卷［M］.北京：外文出版社，2018.

的主体力量,其理想信念教育的养成离不开复兴之梦。也正是在复兴之梦的指引和党的领导下,大学生的理想信念在实际生活中得到强化。大学生投身于加强自身理想信念的实践,使其更加坚定在新时代强化自身理想信念的信心与决心,更加自觉将内在认同转化为实现中华民族伟大复兴的磅礴力量。其次,大学生理想信念的培养与实践紧密结合,要引导大学生积极投身于各项社会实践之中。例如,新冠肺炎疫情发生以来,越来越多的大学生投身于各项志愿活动中,积极贡献自身力量,体现了当代大学生应有的坚定理想信念。同时,共青团和青年社团组织应为其提供良好的实践活动与实践环境,积极探寻强化大学生理想信念的实践探索。

(三)推动大学生理想信念教育的平台建设

马克思指出:"理论一经掌握群众,也会变成物质力量。"[①] 而理论掌握群众需要无产阶级政党的宣传武装,要善于利用报刊、广播、电视、网络等媒体传播。加强大学生的理想信念教育离不开科学技术宣传手段的运用。对于青年群体来说,媒体具有非常强的感染力,理论宣传通过媒体更能引起共鸣。因此,通过媒体对大学生进行理论宣传和思想武装,是加强大学生理想信念教育的重要依托。进入新时代,在电视、广播、报刊传统的大众传媒之后,网络已成为加强大学生理想信念教育的第四媒体,也为大学生理想信念教育提供了工具,使高校思政课教学中使用的现代化教学媒体克服了以往的不足。运用现代化教学手段,通过声音、图像、动画等多媒体资源,可以将马克思主义理论的内容再现,让思政课变得更加生动,吸引广大青年学生投入课堂之中,有利于加强教师与学生的互动,让青年学生更加直观地感受革命先烈的英雄事迹,激发爱国情感,坚定理想信念。网络媒体技术可以摆脱地点、时间的限制,利用技术优势,使理想信念教育的范围与影响力日益增大。广大学生通过互联网技术,实现课堂之外的自我学习、自我提升,在多方的交流互动中主动接受理想信念教育。媒体是一种技术性中介,随着科学的发展其形式不断丰富、手段日益多样,在对大学生进行理想信念教育过程中,始终发挥着不可或缺的作用。然而随着互联网时代的到来,信息在爆炸性增长的同时,其真实性与准确性也在降低,大学生理想信念教育中媒体作用的双面性逐渐显现。如何正确区分正确思潮与错误思潮,不受错误思想的干扰,是新时代大学生理想信念教育面临的重要课题。

---

① 马克思,恩格斯.马克思恩格斯选集:第1卷[M].北京:人民出版社,2012.

二、加强担当精神教育

担当是十分重要的精神品质，加强对大学生的担当精神教育具有十分重要的意义。一方面，担当精神教育能够帮助大学生培养坚强的意志，养成积极向上的精神品质，促进个人成长。另一方面，担当精神教育能为社会发展提供人才队伍，为实现中华民族伟大复兴提供人才支撑。正如习近平在纪念五四运动一百周年的讲话中指出："在实现中华民族伟大复兴的新征程上，应对重大挑战、抵御重大风险、克服重大阻力、解决重大矛盾，迫切需要迎难而上、挺身而出的担当精神。"[①]

（一）通过教学活动，在学习知识的过程中加强担当精神

高校培育时代新人要积极发挥教学活动的作用。一方面，将新时代我国社会面临的机遇和挑战融入思想政治理论课的教学中，让学生明确自己在实现中华民族伟大复兴征程中所肩负的使命担当。另一方面，挖掘其他专业课程中蕴含的担当精神元素，将其融入专业知识点的讲解中，让学生在学习专业知识的同时培育担当精神。

（二）通过校园和网络，在潜移默化的育人环境中加强担当精神

校园是大学生的日常活动场所，将担当精神融入校风、班风之中，开展培育担当精神的校园特色活动，分享校园里体现担当精神好人好事，让大学生受到担当精神的熏陶。另外，当代大学生是互联网中十分活跃的群体，可使用网络语言讲述担当精神，积极在网络中发布关于培育担当精神的资源，用好网络这一重要育人平台。

（三）通过社会主义核心价值观教育，培养大学生的担当精神

社会主义核心价值观教育，是培养大学生担当精神的基础。将社会主义核心价值观融入高校教育教学全过程，能够让大学生坚定"四个自信"，明确时代赋予的历史使命和责任担当，从而培育出大学生的担当精神，促进大学生成为担当民族复兴大任的时代新人。

三、加强奋斗精神教育

艰苦奋斗是中华民族在历史上取得巨大成就的根本保证，是中华民族的传统美德。在新时代，实现中华民族伟大复兴的中国梦需要中国人民继续奋斗。正如

[①] 习近平. 在纪念五四运动100周年大会上的讲话[J]. 中国共青团，2019（05）：1-5.

习近平总书记在党的十九大报告中明确指出："中华民族伟大复兴，绝不是轻轻松松、敲锣打鼓就能实现的。"[①]当前我国日益走近世界舞台的中央，只有以如履薄冰的姿态迎接国内外的挑战，坚持奋斗，才能让个人和国家拥有更加光明的未来。习近平总书记在2018年春节团拜会讲话中指出"新时代是奋斗者的时代""幸福都是奋斗出来的"，因此，大学生思想政治工作要大力培养大学生的奋斗精神。

（一）用优秀文化涵养大学生的奋斗精神的养成

其一，继承和弘扬中华优秀传统文化。脚踏实地、奋勇拼搏一向是中国的优良传统，"天将降大任于斯人也，必将苦其心志，劳其筋骨，饿其体肤，曾益其所不能""天行健，君子以自强不息"等名言中都包含了拼搏奋斗的精神，因此，要通过各种方式、手段将传统文化中奋斗精神挖掘并呈现出来。其二，传播中国共产党革命文化中的奋斗精神。在灾难深重的旧中国，中国共产党带领中国人民不断奋斗，其中无数先烈为革命抛头颅、洒热血，才有了中国今天的面貌。因此，要讲好革命先烈的故事、传播革命先烈的精神，让大学生在学习革命先烈的先进事迹中领悟奋斗精神，做新时代的奋斗者。其三，弘扬并宣传社会主义先进文化。社会主义先进文化中同样包含奋斗精神，如"两弹一星"精神、载人航天精神中蕴含了科学家的不断奋斗拼搏精神。要以大学生喜闻乐见的形式对社会主义先进文化进行开发，促进社会主义先进文化传播。总之，通过各种优秀文化教育引导大学生意识到奋斗精神对个人成长和社会发展的价值意义，加强大学生奋斗精神的培养。

（二）引导大学生在社会实践中磨砺奋斗精神

其一，积极构建校内外的社会实践平台。在校内，通过组织勤工俭学、模范人物校园展、奋斗榜样见面会等形式让大学生亲身感受奋斗精神；在校外，为学生提供在企事业单位的实习机会，让大学生的实践能力得到锻炼。其二，选择贴近大学生历练需求的社会实践内容。结合新时代的背景选择社会实践活动，紧跟社会的发展变化。另外，根据大学生的年级、性格、兴趣偏好等安排社会实践内容，提高社会实践培育奋斗精神的针对性和实效性。总之，要通过各种顺应时代发展、适合大学生成长成才需要的社会实践活动，教育和引导大学生磨砺奋斗品格，让大学生在实现自己发展的同时也能担负起时代使命。

[①] 习近平决胜全面建成小康社会 夺取新时代中国特色社会主义伟大胜利——在中国共产党第十九次全国代表大会上的报告[N].人民日报，2017-10-28（01）.

(三)在课堂上加深对奋斗精神的感知度

培育学生的奋斗精神离不开学校的课堂教学。在实际教学中，应做到以下两点：一是要提升亲和力，贴近学生的生活，举办报告会讲述普通人平凡而伟大的奋斗故事，相似的背景和起点可以激发学生的共鸣；二是立足理论课堂，思想政治理论课是完成立德树人的核心课程，同时专业课也是德育的重要场域，强化专业课教师立德树人意识，大力挖掘专业课蕴含的奋斗因子，以本专业领域突出人物的奋斗人生经历点燃学生奋斗的明灯。

"晓之以理，动之以情"，教师要主动用奋斗精神引导人、教育人。针对网络上蔓延的"佛系青年""伪奋斗"等不良现象，高校教师要严守网络阵地红色本质，明晰是非，以正视听，确保始终以正确的奋斗精神教育学生，用奋斗底色为学生价值观润色添彩。

四、加强劳动精神教育

在新时代，劳动精神一方面能够促进个人的全面发展，另一方面能够推进中国特色社会主义继续前进，促进中华民族伟大复兴的实现。因此，加强劳动精神教育是培育时代新人的主要内容。

(一)开展劳动理论学习，树立正确的劳动观念

高校要重视思想政治理论课的主渠道地位，利用思想政治理论课传播劳动知识。要以唯物史观为依据讲透劳动理论的来龙去脉，并运用劳动理论去分析当今中国的社会实际，让学生认识到劳动对当今社会发展、民族复兴历史使命的意义，推动大学生形成合理的劳动观念。除此之外，在劳动理论教学上还特别需要注意引导学生抵御错误的劳动观念。当今社会消费主义盛行，好逸恶劳、贪图享乐的观点在部分人群中盛行，教师要在劳动理论教学中帮助学生认清消费文化陷阱，从而使大学生自觉抵制错误的劳动观念。

(二)加强劳动技能学习，培养过硬的劳动本领

劳动精神教育要求将劳动精神内化于心、外化于行，这就要求将大学生培养成具备过硬专业技能、能够为社会发展做贡献的社会主义劳动者。因此，高校要严抓专业知识教学，加强专业学科建设，严格教学考核机制，严格大学生的专业培养，提高大学生的专业能力。最后，开展劳动实践，提高劳动素质。劳动实践不仅可以让大学生强身健体，还可以促进大学生的心理健康、人格培养，从而促

进大学生的全面发展。一方面，可以通过家务劳动、校内实践让大学生得到基本的劳动锻炼。另一方面，可以利用寒暑假这种较长的假期让学生参与社会实践，促进大学生成长成才。让大学生去接触真正的一线劳动场所和劳动者，促进了大学生对劳动精神的理解。引导大学生用自己掌握的劳动知识分析解决实际问题，在实践中提升劳动素质。

第三节　大学生思想政治教育载体的创新

一、思想政治教育载体概述

　　载体是连接教学主体与教学对象的桥梁，所以载体创新必然包含对教学主体与教学关系的重塑。从功能层面看，载体犹如桥梁将思政教师与受教育者连接起来，对思政教师来说在选择设计载体时，一个不能回避的重要问题是通过载体应当如何重新塑造师生关系。互联网时代下教师不可能垄断知识与信息，在知识的获取上，师生平等已经是客观事实。互联网去中心化的特征意味着满堂灌，即单向灌输式的教学方式必然会遭遇"冷场"，青年学子们更希望能够参与到教学过程中，通过自我展示收获的不仅仅是知识，还会有充实的收获感与满足感。选择设计载体时，应当充分考虑到如何能够让学生参与进来，在教师的设计和操控下，让学生能够利用载体展示自己的所思所想，从而让思政课堂实现去"中心化"，教师与学生不再是权威者与服从者，而是合作伙伴的关系。当下流行的"翻转课堂"教学模式，其实就是很好的例证，"翻转课堂"其实是通过教师指定学习内容与汇报方式（载体设计），学生在教师指导下以学生团队的方式开展自主学习，最终以课堂授课的方式将学习成果汇报出来。在这一过程中，教师以让渡载体"使用权"的方式，实现师生关系的重塑，但教师仍然是载体的顶层设计者与最高操作者，所以教学的过程仍然是受教师控制的，但教师与学生的关系却从教授者与听课者的关系变成了合作者的关系，这种模式必然能有效地调动学生的学习积极性与自主性，从而深刻地改变课堂面貌。

　　载体并非形式层面的概念，载体创新更能发挥思政教师的主观能动性。思政教学载体是否等同于思政教学的形式？必须明确指出，两者绝对不能画上等号。载体是内容与形式的统一体，是教师意志的外化，不论思政教学怎么改革，教师都必须严格履行自身的职责，做思政教学过程的主导者、控制者，否则思政教学的目标就可能出现偏差，甚至误入歧途。近年来，在思政教学创新的探索中也出现了一些形式主义的做法，这一现象着实值得警惕。举例说明，某些思政教师在使用多媒体课件资源时，盲目认为这些多媒体资源能够直观地将思政教学的内容加以呈现，而且大多是权威机构制作，根本没必要花时间去讲解。也有少数教师在进行"翻转课堂"教学时，甚至当起了"甩手掌柜"，将讲授主题布置下去后，不闻不问，坐等学生汇报结束就算了事。这些做法毫无疑问是错误的，载体是教师意志的体现。不论如何改革创新，这都是不能改变的，教师一旦放弃对思政教学过程的管控，那么谁也无法保障教学活动的内容不会出现偏差。以"翻转课堂"为例，学生是否会去正确的渠道找资料，相关概念能否表述正确，其讲述方式、PPT 等多媒体课件的制作是否有需要改进之处，这些都需要教师指导把关，可以说"翻转课堂"的教学模式，教师的工作量绝对不少于传统的课堂，那种打着教学改革旗号进行偷工减料的做法必须明令禁止。

二、创新高校思想政治教育的教育载体

（一）建设新媒体平台

1. 建设响应新风尚的校园新媒体平台

载体就是人们为了在实践活动中达到活动目的，实现目标而采取的助力实现目的目标的中介物质，这种物质可以是看得见的，也可以是看不见的。校园新媒体平台是高校进行思想政治教育的新阵地，由于高校学生花在浏览新媒体的时间较多，建设校园新媒体平台成为亟待解决的问题，利用校园新媒体平台，占领网络宣传制高点，把握主流价值观宣传导向，弘扬良好的校风学风，营造积极向上的育人氛围。在对学生调查的过程中，发现学生主要通过学校网站、官方校园微博微信平台获取学校信息，因此我们需要加强在这些方面的建设，以其政治性、科学性、趣味性吸引学生，提升平台页面的美观度，同时又不失稳重，教育与娱乐并存，相互促进。可以通过学校微博、微信公众平台发布校园原创歌曲视频，将学校每周发生的大事小事通过平台推送，让学生更好地了解学校动态。可以将更多的学生聚到一起发挥学生干部的带头模范作用，形成风清气正的网络氛围，从而潜移默化地影响学生的思想观念，价值取向。"青年大学习"网上主题团课在山东地区高校收到良好效果。上课率高除了考虑到各高校重视学习，强制学生上课，也说明学生乐于接受这种形式的团课。每期不同的主持人，不同的讲课教师，吸引学生眼球，引发学生好奇心。

大学文化是高等学府的灵魂，文化在，高校就会生生不息，造就国家栋梁，培育民族脊梁。大学是培养社会需求的人，当然要教授学生进行社会生活的技能、本领，同时人的全面发展要求大学不仅要培养社会基本公民，还应注重提升学生的人文素质和精神内涵。大学培养出来的人不应是理性冷漠的机械者，而应是精神世界丰富的文化人。大学存在的根本宗旨是弘扬善行，彰显文明，让人们受其影响洗涤自己的心灵，是培养崇高精神世界之人推动人类历史文明的进步，基于此，大学的文化之道在于对"现实的人"的培养，在于培养全面发展的人。

纵观历史上为人类之解放，为民族之独立，为人民之幸福而奔走操劳之人，无不在历史积淀中成长的学府做事学习。因此，当今任务之重就是发展大学文化，大学组织以文化为纽带，通过共享价值和信念系统让所有大学人朝着共同的目标改变，卡尔·韦克（Karl Weick）形象地称其为"松散耦合系统"，通过各种仪式、传奇故事、英雄人物激发大学的精神凝聚力，这也是大学作为一种特殊组织最具优势的地方。而校园文化就是一所大学文化的缩影。新媒体时代，为学生呈现了饕餮文化盛宴，学生置身于文化大餐中总会感觉眼花缭乱，无从下手，容易成为文化思潮的"奴隶"。新媒体技术的应用，为校园文化的传播搭建了新渠道，校园文化可以借鉴"井冈山精神网上展馆"的做法，足不出校门就可以看到珍贵的历史人物与物件照片，也可以清晰地听清讲解员对历史事件的讲解。以往，由于现场观看的人多，队伍长且声音嘈杂，很容易听不清讲解员的讲解，网上展馆的出现很好地避免了现场观看的弊端。学校可以建设"校园文化网上展馆"，将学校校友人物、标志性雕塑、历史事件进行录播，将校史馆搬到"网络"，既可以让学生随时随地在校园网点击观看，又避免了现场观看的秩序管理。面对纷乱的文化信息，校园文化应该唱响主旋律，占领文化宣扬高地，为学生送上清新解腻的甘露，"以文化人、以文育人"，利用新媒体营造校园文化氛围，做中国特色社会主义文化的学习者、传播者、坚定维护者。

2. 抓好第二课堂建设

所谓第二课堂指的是高校在专业课程之外的知识补充类课堂活动，形式多样化，以实践活动为主，如创新课题研究、兴趣活动主题创作、知识竞猜、社会调研等均属于第二课堂的范围之内。中国人民大学成立博士生服务团、研究生支教团，组织学生深入延安等革命老区开展实地考察，创立了"千人百村"等品牌调研项目，不断在实践锻造中推动第二课堂建设。实践是认识的来源，也是认识发展的最终归宿，始终坚持将理论教学与实践活动相结合的路径，发挥第二课堂建设的应用价值，是高校全方位思政育人体系构建的必要基础。首先，在高校全方位思政育人体系的第二课堂建设中，不能忽视思政课程理论知识的传输。要把思政专业理论知识贯穿于第二课堂的运行、升级始终，在指导第二课堂建设的同时引导学生在实践中检验所学理论成果的真伪，帮助学生将感性体验提炼升华为理性观念。其次，在高校全方位思政育人体系的第二课堂建设中，针对不同性质、不同类别的实践活动，要由教师进行指导，分类提出具体要求，并提供一定的物质条件支持，以实效性为标的推动大学生从思想认识到技能应用的转化。在对不同类别的实践资源进行整合开发与项目管理的同时，还要注重对实践活动的内容进行创新与丰富，对实践活动的开展形式进行改革与调整，并且要大力推进产学研结合，创建实践活动的开展平台，加大对社会实践活动的支持力度。让学生在亲身体验和接近社会的过程中全面提升动手操作实践能力，从内心真正生成感悟，树立浓烈的、真挚的家国情怀。

（二）融合新媒体技术

1. 思政课堂案例教学融合新媒体技术

为达到思想政治教育教学目标，实现有效的思想政治教育效果，教育者应该选择有效的教育载体，以达到事半功倍的效果。早在五四运动时期，早期的马克思主义者就开始运用载体宣传马克思主义，他们创办刊物，组织团体，开办文化补习学校，成立工会组织，出版马克思主义经典著作，利用学校的讲坛以及纪念活动等扩大马克思主义宣传，解放人们思想，创造马克思主义文化氛围。为了争取广大农民支持，壮大国民革命力量，我们党早年开展了对农民的思想政治教育工作，第一，"召开大会，发表宣言"，激发农民革命热情；第二，"出版农民读物"，增长农民革命理论与见识；第三，"创办农民学校"，教授农民革命道理；第四，"组织文艺演出"，丰富农民生活，增加农民对党的喜爱；第五，利用纪念活动和集会，发传单，有效地争取了广大民心，奠定了国民革命胜利的坚定基础。

新时代思想政治教育要创新载体，当前新媒体越来越凸显其在思想政治教育领域的积极作用，党的十九大期间，微视频《我们的自信》、人民日报发布的《刻度上的五年》等短视频收到了良好的宣传效果。例如，2020年新冠疫情防控期间，广大高校学子无法到校正常学习生活，虽然疫情阻挡了开学的脚步，但是我们的思想政治工作一刻也没有停歇，反而更加有序。"全国大学生同上疫情防控思政大课"利用新媒体技术以直播的方式将全国大学生聚集在屏幕前，四位专家以马克思主义理论解读中国的疫情防控阻击战所蕴含的智慧，同时与同学在线交流，解答同学实时疑问。实践表明，新媒体弥补了传统教学载体的不足，以其交互性、超时空的巨大优势提升了思想政治教育的实效性。而且直播的方式更有感染力、仪式感、参与感，增强了全国大学生对打赢疫情防控阻击战的信心，正所谓"打动人心的课堂没有边界"。另外，利用新媒体宣传逆行者抗疫宣传片、为抗疫创作的歌曲以及举办的抗疫晚会等，以其真实、感人的效果传达了全国人民共克时艰的坚守，起到了凝聚人心、团结力量的巨大成效。主流媒体人民日报举办的"人民日报进校园""云上"讲述"中国战疫"活动在人民网、人民视频、人民日报客户端等新媒体平台在线播出，各个主讲人通过讲述自己的战疫故事激发了青年学生的共鸣，将战疫与青年成长结合起来，将家国情怀与时代精神结合起来，学生的感受也会更深，心理认同度和接受度也会更大。

2. 充分利用网络新媒体线上与线下教育相结合

利用高校在思政育人体系建设中的育人载体作用，要坚持线上与线下教育相结合的方式，充分发挥网络新媒体在当代大学生思想政治工作方面的育人功能。北京大学将育人阵地延伸到网络进行了充分探索，为实现价值传承和行为塑造的目标——培育"网络新青年"，在师生共建中打造了未名BBS、P大树洞等品牌化交流平台。互联网对当代大学生所产生的影响具有双面性，从有利的一面来看，互联网以其速度快、及时达的特点为大学生的学习、生活提供了便利，开拓了学生的视野，也为思政育人工作提供了平台；从有弊的一面看，大学生的人格尚未健全，缺乏社会经验，辨别能力较弱，互联网环境的信息海洋中掺杂的大量的无用、负面的信息，可能会对大学生思想观念的塑造和培育产生误导，不利于主流意识形态的养成。因此，高校在思政育人体系的创建过程中需要扬长避短，充分发挥出互联网的优势，合理开发互联网资源，顺应新媒体时代下的育人发展趋势，打造线上线下的协同教育机制。这不仅能够提升高校思政育人机制的全面性与连续性，同时也更加符合当代大学生的心理需求和期待。为全面建成全方位思政育人体系，高校要深化网络教育，加强校园网络文化建设，搭建网络教育公共平台，利用网络渠道进行思政育人资源的收集与检索，丰富育人内容，净化网络空间内容，建立起一支专门化、职业化的网络育人工作队伍。例如：高校可以通过微信、微博、QQ等社交媒体网站建立与学生近距离沟通的渠道和平台，关注学生的思想动态变化，为学生成长过程中所出现的思想困惑提供指导和帮助；通过互联网渠道进行授课，方便大学生利用自己的碎片时间进行阅读；制作影像和音像、动态和静态相结合的教学素材，使原本抽象化的理论知识转化为立体化、动态化的生动事例，加强学生的记忆。此外，要注重线上与线下的协同与配合，以线下为主、线上为辅，在不同的场合中、不同的主题下加以应用，将"键对键"作为"面对面"的有力补充,以起到事半功倍的效果,增强高校全方位思政育人体系的灵活性。

第四节　大学生思想政治教育方法的创新

一、促进启发教学,提升工作方式的创造性

启发教学指的是通过对学生进行启发诱导来激发学生的学习自主性,最终达到将知识内化于心并用以指导行为实践的目的。启发教学特别注重学生在学习中的主体地位,强调学生在学习中要充分发挥主观能动性。这是由于只有启发学生自己认识到个人思想政治素质的重要性,才能让学生以饱满的精神和积极的态度投入学习中,从而提高学生接受思想政治教育的自觉性和主动性。对大学生实施启发教学是提升大学生思想政治工作实效,从而促进时代新人培养的重要手段。在进行启发教学时,高校教师一定要发挥自己在教学中的主导作用,激发大学生的学习动机。

首先,制定适宜的思想政治工作目标。无论是哪种形式的思想政治工作,只有让大学生明确学习目标,才能激发大学生的学习动机,从而促使大学生主动思考、自觉学习,并挖掘出大学生身上的学习潜能。另外,思想政治工作目标的制定切忌好高骛远,要让大学生"跳一跳"能够得着,这样才能调动大学生的学习积极性。

其次,设置合理的思想政治工作内容。一方面,大学生思想政治工作内容一定要贴近社会发展实际、贴近大学生成长需要,就热门时事问题、关系大学生切身利益问题等及时作出回答。另一方面,大学生思想政治工作注重工作的差异化,如可以结合大学生的专业知识背景来开展大学生思想政治工作,提升大学生对知识的理解,让大学生学懂、弄通,从而让大学生能够学以致用。

最后,营造良好的学习环境。轻松、愉悦的学习环境是提高学习效率的保证,大学生正处于价值观形成阶段,他们的思想意识容易受到外界环境的干扰,积极、正向的学习环境有利于促进大学生思想政治素质的提高。一要遵循大学生的成长规律,尊重差异性,采取多样的教学方法。二要为大学生提供丰富的思想政治教育活动,发挥大学生的学习自主性。三要加强师生间的沟通交流,帮助大学生解决学习和生活中的困难。

二、注重实践养成，提升工作方式的综合性

实践的观点是马克思主义最基本的观点。相较于理论教育传达他人或者课本上的间接经验，实践教育是学生通过亲身参与实践活动，进行体验学习，以生动直观的形式获得直接经验。除此之外，实践教育是不限场合的，课堂内、外都可以开展实践教学。实践教学强调教育综合经验，传递的知识包含德智体美劳各个方面。因此，实践教育可以锻炼大学生身心，能够促进大学生提高思想觉悟、涵养优良品德、增长本领技能等，从而引导大学生成长为满足新时代发展需要的社会主义建设者和接班人。

在实践教育中，要做到以下几点：其一，要确保实践教育的实施规范。实践教育是学校教育的重要组成部分，是一种长期进行的有组织、有计划、有系统的教育活动。实践教育一定要遵循相应的实施规范，避免盲目性、随意性地实施，才能保证教育效果。其二，拓展高校实践教育渠道。当前高校有许多的实践活动，但部分实践活动当中的思想政治教育元素挖掘不足，不能发挥育人功能，还不属于实践教育的渠道。思想政治工作者可以对这些学校社会实践活动进行开发设计，挖掘其中的育人元素，将其纳入实践育人中来，促进时代新人的培养。其三，发挥学生在实践教育中的主体地位。重视大学生在各种实践活动中的体验和感受，对大学生体验不佳的实践活动要及时改进，从而调动大学生参与实践活动的积极性。其四，加强学校和社会的联系。大学生最终要走向社会，实践是大学生了解社会的重要渠道。做好实践育人工作，能够让大学生为未来的职场生活提前做好准备，既有利于大学生的个人成长，也有利于大学生为社会、国家的发展作出更大贡献。高校可以通过加强与政府、企业之间的合作，形成学校、政府、企业的实践协同育人机制，如建立实践育人基地，在政府、企业中找寻专门的负责人指导大学生的实践活动，让实践教育稳扎稳打地推进。

三、加强心理疏导，提升工作方式的针对性

心理疏导指的是心理、观念、思想层面的"疏通"和"引导"，心理疏导是通过帮助人们解决因为现实生活中遇到挫折而产生的心理问题，最终达到改善人们心理状态、促进心理和谐的目的。心理疏导是一种新型的思想政治工作方式，充分体现了对人的尊重和满足。加强对大学生的心理疏导，有利于大学生缓解心理压力，减少大学生的心理问题，从而促进整个校园和谐氛围的形成；有利于大学生养成健全的人格，从而助推大学生成长成才。真正做好大学生的心理疏导工

作，要做到以下几点。

首先，加强思想政治工作者心理疏导能力建设。思想政治工作者的心理疏导能力直接影响心理疏导的效果。心理疏导需要思想政治工作者能够结合心理辅导知识和思想政治工作知识，因此需要加强对思想政治工作者的培训，提升其工作能力。

其次，普及心理健康知识。当前大学生心理问题较多，但仍然存在不少大学生对心理健康问题不甚了解、羞于谈论的情况，这就要求思想政治工作者做好心理健康知识的普及工作，破除大学生对心理问题的错误认识，让大学生意识到焦虑、恐惧都是正常的心理反应，引导大学生正视自身的心理状况，帮助大学生学会减压、宣泄不良情绪。

再次，建立高校心理健康教育全覆盖体系。设立大学生心理健康辅导室、积极心理体验中心，定期对大学生进行心理测评，帮助大学生培养积极健康的心态。加强对大学生心理问题的筛选和甄别，精准把握大学生心理状况，针对不同个体进行精准施策，实现一对一疏导。比如对于面临就业压力的应届毕业生，开展个性化、精准化的心理辅导，提升其就业满意度。

最后，结合学生实际，采取线上和线下相结合的心理疏导方式。积极借助新媒体技术，在网上开设心理辅导课程，利用QQ、微信等工具追踪学生的心理状况并对学生的求助给予及时反馈。

第四章　多维度视域下的大学生思想政治教育

本章为多维度视域下的大学生思想政治教育，分别从"课程思政"视域下的思想政治教育、"三全育人"视域下的思想政治教育、协同育人视域下的思想政治教育、新媒体视域下的思想政治教育进行了阐述。

第一节　"课程思政"视域下的思想政治教育

一、"思政课程"与"课程思政"的关系

（一）联系

"思政课程"作为高校人才培养、素质提升的第一课程，在意识形态教育中承载着激励和引导广大青年发奋图强、立志报国的主渠道功能。改革开放以来，高校思想政治理论课历经了"85方案""98方案""05方案"三次调整，对优化思想政治教育课程、提升思政教育质量起到了重要的引导作用。目前，高校"思政课程"已形成了相对稳定、协同发展的态势。一方面，高校思政课要重视思想政治理论知识的传授，加强马克思主义基本理论教育，引导广大青年牢固树立崇高的理想信念，坚定中国特色社会主义道路自信、制度自信、理论自信、文化自信，厚植爱国主义情怀，把青年的爱国情、强国志、报国行融入坚持和发展中国特色社会主义事业、建设社会主义现代化强国、实现中华民族伟大复兴的奋斗中。另一方面，高校思政课的知识传授还要服从价值引领功能。由于"思政课程"在思想政治教育中起着主要的作用，决定思政课的知识性要服从于价值性。思政课不能单纯满足于对宏大理论知识系统的传授，沉浸于对知识领域的深化、思维视野的拓宽，而是要用崇高理想目标、典型的榜样示范，来引导和激励广大青年学生树立追求真理、敢于探索的进取精神。因此，在高校思想政治教学过程中，无论传授什么样的知识内容，无论从事哪个行业领域，都要围绕着社会主义建设者

和社会主义接班人的政治要求和价值目标来定位，不能单纯地学习知识，而应该有更高的理想追求、更宽广的价值情怀。唯有如此，思政课的地位和作用才能更加彰显，思政课才能"入脑入心"。

与思政课不同的是，"课程思政"是一种新的教育价值理念和教学创新实践。在各专业课程教学实践中，将思想政治教育元素寓于各门课程教学过程中，通过将课堂、网络、实践等平台有机结合，实现思想政治价值理念和专业课程知识的有机融合。从本质上来说，就是将专业课程知识点与思政教育目标有机结合起来，体现专业教育与思政教育的双赢。"课程思政"概念最早是 2004 年由上海市一些高校为了构建全课程育人体系而提出来的。2014 年，为了推进思想政治教育方法改革，上海市将德育纳入教学综合改革过程中，将培育和践行社会主义核心价值观有机融入整个教育体系、整个教学过程，让思想政治教育融入日常教学管理和工作生活中。在此基础上，学界提出"课程思政"概念。然而，目前学界还没有对"课程思政"概念作出明确的界定，或者说还没有达成普遍一致的共识。但是多数学者认为，"课程思政"主要针对各门课程教学环节和教学活动，以课程为主要教学载体，以立德树人为根本任务，充分挖掘各专业课中蕴含着的德育元素，通过生动活泼、富有成效的教学活动和教学方式，将德育元素渗透和贯穿于教育和教学全过程，从而实现学生的全面发展。换言之，"课程思政"是基于教育对象的身心特征、教育内容，通过科学规划和有效设计，使思想政治教育与专业课程设计和实施紧密结合，目的是将价值观的培育和塑造"基因式"融入专业课，将教书育人的要求落实在课堂上。

所以，从内容和目标看，"课程思政"和"思政课程"两者既具有内在的一致性，同时又存在差别。一方面，两者都是在贯彻党的教育方针，服务于中国特色社会主义现代化建设的目标，服从于实现"两个一百年"奋斗目标和致力于实现中华民族伟大复兴的中国梦。从本质内涵上看，两者都遵循高等教育的发展规律，都在从事传道、授业、解惑等最为基本的教书育人工作。从目标要求看，都是培养合格的社会主义建设者和接班人，都坚持社会主义的办学方针，其内在契合性在于都在发挥着思想政治教育功能，都是思想政治教育内容体系的重要组成部分。另一方面，"思政课程"与"课程思政"是两个不同的概念，它不仅仅是语序的简单颠倒、表述的差异，还在思政内容、课程地位和表达方式上存在较大的差异。从思政内容上看，"思政课程"是教学单位或教育机构根据中共中央、国务院、教育部关于加强和改进思想政治教育工作的要求，根据学生思想认知特点和自身发展规律，对马克思主义基本理论、中国特色社会主义理论、中共党史、中国近代史、中华人民共和国史和基本国情等方面系统的理论教育过程;"课程思政"侧重对社会主义核心价值观的引领,强调在各类各门课程中增强政治意识,明确政治方向,提高职业素养和科学素养。从课程地位上看,"思政课程"主要相对课程而言,强调其在整个思想政治教育中发挥着"主渠道"的作用,在整个育人体系中起着核心作用;"课程思政"主要相对育人环节而言,其立足于整个教育过程,把思政课中德育元素融入各门课程的教学过程和教学环节中。从课程定位上看,"思政课程"与"课程思政"都具有育人方向、文化认同的任务,但"思政课程"在"同向同行"过程中起主导作用,"课程思政"是"同向同行"的协同方面。从课程特点和表现形式上看,"思政课程"是针对高校大学生开设的必修课程,具有很强的意识形态性,将辩证唯物主义和历史唯物主义基本观点和方法贯穿其中,通过课程传授、理论研讨、实践活动等多种形式,提升大学生思想政治觉悟和理论水平,属于显性教育课程。而对于"课程思政"而言,其将德育元素融入专业课和通识课程中,丰富各专业课程的思想内涵,拓展课程教育教学功能。"课程思政"依托着课程这一载体,利用因地制宜的教学形式,将思想政治教育原则、基本目标与专业课的内容设计、课程开发、课程评价有机结合起来,将思政教育内容与专业课程资源开发紧密结合起来,这属于隐性教育过程。

(二)区别

1."思政"重点不同

思政课程是高校开设的大学生必修的思政理论课程,其重点在于理论的学习;课程思政中的"思政"主要强调在上课过程中通过潜在的思政资源加强专业课价值引领的作用。思想政治理论课的"思政"和专业课中的"思政"把握不好重点就极易混淆,要明确课程思政是把思政元素融入专业课中,而不是把思政课搬到专业课课堂上来。

区分"思政"重点的不同是对高校教师的基本要求,在高校内开展课程思政建设,不等同于全课程"思政化",把握思政课程和课程思政不同的"思政"重点,就是要把握好课堂中"思政"的"度",课程思政建设并不是在课程中尽可能多地融入思政元素,而是要以专业的角度和关联程度,把与专业课程有关的思政元素,深入挖掘、生动讲述,融入也要讲究方法与技巧,不能生拉硬拽,把不相关的思政内容在课堂上强行灌输,绝不能无中生有,强行添加与本课程无关的思政元素。把专业课变成思政课,忽视专业知识的传授,强行灌输思政内容,只会适得其反。思政课程是思想政治教育的主渠道,具有完整、规范的理论体系,在加强思政课理论灌输的同时，要适时与课程思政建设相互配合，引导学生在实践中去认识和理解抽象的理论知识，将专业课程中的实践经验以思政理论进行升华，丰富专业课的精神内涵，一起完成"润物无声"的育人过程。课程思政和思政课程把握好各自"思政"的重点，符合精神引领和知识传授同步进行的教育理念，在课程思政建设的起点上，思政课教师同专业课教师要守好各自的"渠"，抓住各自的"思政"重点，共同构建大思政育人体系。

2."思政"地位不同

在课程思政建设过程中，既要利用好课堂教学这一主渠道，其他各门课程也要守好一段渠、种好责任田。思政课程的顺利开展是课程思政建设的基础，只有将思政课程这一主渠道的工作做好，其他课程的课程思政建设才能做到"守好一段渠、种好责任田"。提高高校思想政治教育工作实效，先要明确两者在思想政治工作中的"主从"地位，才能做到相互配合，协同进步，确保高校思政工作的顺利开展。

思政课程和课程思政在地位上是"基础与完善"的关系，思政课程是课程思政的基础，课程思政是在思政课程基础上的完善，课程思政协同思政课程可将高校思政工作开展到校园的每个角落，有利于"全员、全程、全方位"育人体系的构建。在充分发挥思政课主渠道作用的基础上，注重"课程思政"的补充作用，将"思政课程"和"课程思政"形成的思想政治教育协同效应发挥出来。面对复杂的国际形势，我国青年人的精神和思想面临着遭受侵袭的危险，思政课程通过课堂理论教学这一主渠道向学生进行思政教育，是抗击侵袭的"坚固堤坝"，保护大学生在成长成才的道路上坚定社会主义方向，为他们成为社会主义栋梁保驾护航。"课程思政"建设这一举措是协同思政课程完成这项任务的重要把手，思政课程这一"主渠道"中的活力源泉就顺着"课程思政"建设出的若干支细小的"一段渠"，源源不断地向其他各类专业课程输送活力与生机，其他各类课程中的思政元素才得以被挖掘出来。同样，这也是对思政课程理论内容的强调与升华。在专业课中加入思政元素，让思政课摆脱一直以来的孤岛境地，思政教育和专业教育实现了融合，价值塑造与知识传授可以同步进行。"课程思政"建设出的这"一段渠"和思政课程"主渠道"同向前进，两者协同发展，相辅相成，形成育人合力，才能共同实现思想政治教育上的创新和发展，不断壮大思想政治教育工作的队伍，真正发挥出高校思想政治教育的协同育人效应。

3."思政"渠道不同

学校思想政治理论课教学，要坚持显性教育与隐性教育相统一。显性与隐性就是思想政治教育工作开展的不同渠道，思政课程是通过显性传达这一渠道来实施思政教育的，高校有完整的思政课程体系，能对大学生系统地进行思想政治教育，并通过必修课的方式系统传授马克思主义基本理论，从而让大学生构建起思政理论框架。意识形态教育的指向性明显，覆盖面广，这是思政课程进行思想政治教育的优势。课程思政则是在构建好大学生思政理论框架的基础上，以隐性手段和渠道开展思想政治教育工作，把大学生在课堂上学习的理论知识放到生活和实践中去认识和理解。换句话说，就是以课程思政建设为手段进行的思想政治教育更贴近学生的学习和生活，利用专业课程中的思政元素，如潜移默化地影响学生价值观的形成、为专业课提供鲜活典型的案例、强化学生对国家的政治认同感等，巧妙地将理论运用到实践当中，其隐蔽性和渗透性的特点，是课程思政具有的独特优势。虽然思政课程和课程思政发挥"思政"作用的渠道不同，但两者通过不同的渠道，更好地发挥了各自的优势，"显""隐"互补，协同育人，共同促进高校思政教育工作发展和进步，也是将高校思政教育的效果最优化的有力手段。

作为显性的思想政治教育，思政课程的政治性、理论性应该被进一步强化。高校要进一步重视思政课程的授课课时和课程考查，确保是按照国家规划的教学目标和课时来进行的，也要更加严格地对待考查的方式。除了以答卷形式来考查，也可以增加创新性的考查方式，如让学生制作近代史题材的小视频并发布在新媒体平台上，或举办党史知识竞赛、马克思主义理论读书会等，让学生对课程内容有更深入的掌握，要确保思政课程覆盖全校每位学生，从显性渠道对学生进行公开、直接的思政教育。课程思政要求各类课程从内在发挥思想政治教育的作用，把贴近课程内容的思政元素添加在课程中，起到"画龙点睛"的作用。相反，将马克思主义理论这类思政课程内容生硬地搬到专业课堂上，反而会让学生产生反感。好的课程思政要做到"如春在花，如盐在水"，这也是对授课教师的新要求，专业课教师要在不断提升自身政治素养的同时，创新授课方式，巧妙地将思政元素和专业课内容融合，润物无声般地对学生的思想、行为和价值观念产生良好影响，从隐性渠道施展思想政治教育。

二、"课程思政"视域下进行思想政治教育的意义

（一）实现协同育人的时效性

为了更好地发挥课程思政的价值，需要将课程思政与课程体系协同构建。伴随着高等教育的大众化发展，高校教育教学改革持续深化，但还有部分高校出现

了思政教育和专业知识教育脱离的情况，最后导致课程思政没有实现协同育人的目的，课程思政工作的实效性没有得到提升。要实现课程思政协同育人的目的，靠单一的课程是不能够实现的，必须利用课程体系的合力发展，发挥课程体系的合力效应。换一种说法，课程思政需要将课程体系作为依托，利用课程体系中的课程分工以及配合来体现课程思政和课程体系的协同育人机制，充分发挥课程体系的价值，充分发挥课程思政的教育价值，这样就可以实现协同育人的目的。

目前，有一部分的老师只注重专业知识的教育，忽视了思政教育的价值，轻视了课程思政的价值，忽视了对学生"德"方面的教育，减少了对学生价值观的塑造。尤其是有一部分工科专业的老师和学生，出现了一种奇怪的看法，他们认为自然科学和价值观念没有关系，显然，这一看法是错误的，德育是必须重视的，任何专业的学生都需要进行思政教育，都需要进行价值观的塑造。同时教育者需要意识到每个专业都需要协同专业知识和课程思政，将价值观的教育渗透到专业教育中，正确的价值观是每个大学生都必须拥有的精神品质。然而，学生的政治素养和文化素养和高校的课程体系有着很大的关系，这不是依靠思政课程这一单一课程能够实现的。课程体系当中的各种课程都对育人有着很大的价值，但是只有课程体系与课程思政相结合，合力发展，将合力效应发挥到极致，这样才能够实现育人的目的。

（二）体现课程育人的功能

2017年2月，中共中央、国务院印发了《关于加强和改进新形势下高校思想政治工作的意见》，在这份意见中突出了思想政治教育工作的价值和作用，指出在新的历史条件下，将积极发挥课程教学的作用，打造坚实的思想文化阵地，全力搞好思想政治教育工作。2017年12月，中共教育部党组颁布了《高校思想政治工作质量提升工程实施纲要》（教党[2017]62号），该文件明确强调了提升高校思想政治教育工作质量的重要性，指出在现阶段应该健全育人体系，加强思想政治教育改革力度，将专业课程中所蕴藏的思想政治教育元素充分挖掘出来，在实际授课过程中，这些要素也应该成为教师授课的重要知识点。2019年8月，中央办公厅、国务院办公厅印发了《关于深化新时期学校思想政治理论课改革创新的若干意见》，该文件提到，教育的根本目的就是"立德树人"，所以教师需要对教育过程中的德育资源进行挖掘和提炼，并将其和专业课程融合在一起，这样，教师可以在上课的过程中同步开始对学生的价值理念引导，在课堂上打造一个较为完善的协同育人环境，帮助学生在提升专业知识和技能的基础上，同步提升价值理念和思想水平，让其成长为全面发展的综合型人才。2020年6月，教育部颁布的《高等学校课程思政建设指导纲要》强调了高校培养人才能力的内容，指出课程思政需要做好部署工作，打造健全的工作体系，要求教师对教学内容进行梳理，根据实际情况融入课程思政元素，以潜移默化的方式对学生进行教导。在育人方面，只讲授专业知识其实并不完整。

关于这一点爱因斯坦也有过阐释，人们都认为科学是非常伟大的，不过科学告诉人们不外乎是"世界是什么"，在人们搞懂了这个问题之后，接下来更重要的问题就是"到底该如何去做"。这就上升到了价值观的层面，如果有理想信念进行指引，那么回答起来就更加容易。学生掌握各种科学文化知识，其实最终就是要为人类发展和社会进步作出贡献。学生在踏上社会之后，不仅要成为专业领域的佼佼者，而且要成为一个能够与社会、他人，甚至是自己和睦相处的人；可以将自己的专长发挥出来，为社会主义建设贡献自己的力量。高校在人才培养方面不只有传授知识这一项任务，还要做好学生的价值引领工作。具体到课程思政工作上，需要把握以下几点：第一，这项战略举措的根本目标就是完成立德树人；第二，这也是一项必须完成的教育任务，要对学生进行全面培养；第三，作为一种教育方法，课程思政可以实现专业课程和思想教育的有机融合，在高校内打造全范围的育人格局。

（三）实现教育育人目标

"课程思政"并非横空出世的新鲜词汇，而是教育内涵的一种体现。其实在高校教育中，每门功课在传授知识的同时都兼具对学生进行思想政治教育的功能，需要帮助学生端正思想态度，树立正确的"三观"。教育的本质含义有两个：一是教书，二是育人。所以高校的所有课程，其规定性都包含两部分内容：一是课程知识，即为学生传授专业知识；二是课程思政，也就是对学生进行价值观念的引导。这是一种知识与价值的融合，是所有课程都应该具备的两个功能，教书与育人可以实现完美融合也正是基于这个原则。

课程知识的侧重点放在"教书"上，而课程思政的侧重点则不同，它是以"育人"为主要目标。两者之间存在着互为补充的关系：第一，两者有着千丝万缕的联系，不管是在时间还是空间上都能够保持密不可分的联系，尤其是在教学过程中，两者是相伴相生的；第二，两者之间也存在着相对独立性，它们各自有着不同的功能，兼具的属性也各有特点。"课程知识"的侧重点主要放在对知识体系进行构建和讲解上，这是对课程自然属性的一种体现，而"课程思政"则不同，其感情色彩更加浓郁，主要是对学生进行价值观念的塑造和引导，更偏重于社会属性。教育是关系到国计民生的重大事宜，正是因为有了教育，才能为国家培养各种各样的专业人才。在新的历史时期尤其如此，只有重视教育，在进行知识传授的同时不忽视对学生的价值引导，才能帮助学生树立正确的价值理念，让他们健康成长，在进入社会之后才能作出更大的贡献。

三、"课程思政"视域下思政育人体系的价值导向

立德树人是我党对我国教育现状进行宏观把控、总体关切后提出的方针战略。在全方位思政育人体系的构建过程中，要始终秉持立德树人的价值导向，明确立德树人与思想政治教育之间的逻辑关系，将其培植于育人主体的自觉意识中，凝聚共识与力量。只有坚持以立德为根本，立大德、立公德、立私德，以树人为核心，培养有实践能力的、有创新能力的、有世界眼光的、担当民族复兴大任的时代新人，才能使高校思政工作真正形成一条线。

（一）以立德为根本，坚持德育先行的原则

1. 严守社会公德

以立德为根本，坚持德育先行的原则，首先要求立公德，严守社会公德。社会公德是有效调节人与人之间的利益冲突和矛盾的约定俗成的隐性规则，是营造良好社会风气的一般手段。大学生作为社会主义事业建设的主要后备力量，每一个个体所代表的都是整个高层次人才群体的形象。在校园这个"小社会"的环境中，促进其养成良好的公德习惯，可以帮助大学生在更好地适应社会规则的基础上发挥好模范带头作用，推动整个文明社会风气的营造。就当前情况来看，校园失德失信情况时有发生，甚至一些违背社会公德的行为产生了群体性蔓延的迹象，如拖欠助学贷款、破坏教室公共环境卫生、逃避参加集体活动、缺乏集体荣誉感等，在校大学生的社会公德整体水平仍然需要进一步提升。因此，在高校全方位思政育人体系的创建中，要注重社会道德的浸润，引导当代大学生严格遵守社会公德，培养其社会责任感和感恩之心，进而积极主动承担起当代大学生的社会责任，对我国良好社会风气的营造起到表率的作用，发挥应有的价值。

2. 铸牢理想信念

以立德为根本，坚持德育先行的原则，其次要求立大德，铸牢理想信念。所谓立大德，指的是要铸造大学生坚定的理想信念之德。大学生作为社会主义事业建设的生力军，崇高的道德水平与修养是最为基础的发展要求。在国内外多种思

潮暗流汹涌的当下，一些西方国家及破坏民族团结的不法分子质疑马克思主义理论的科学性，质疑社会主义制度的优越性，企图对我国进行分化、西化。在充斥着鱼龙混杂的海量信息的互联网环境之中，这一定程度上对求知欲强、三观正处于成型期的大学生在塑造坚定信仰和民族自信层面造成了一定冲击和影响。如果大学生不能树立正确的理想道德信念，那么在成长过程中极有可能会被外界的诱惑所腐蚀，甚至可能会自甘堕落。因此，在高校全方位思政育人体系的创建工作中，必须紧紧围绕立大德这一根本要求，将理想信念的塑造置于首要的地位，引导学生厚植爱国主义情怀，热爱和拥护中国共产党。

3. 培养高洁品质

以立德为根本，坚持德育先行的原则，最后要求立私德，培养高洁品质。培养高洁的个人品质，是高校全方位思政育人体系创建工作的价值追求，也是一项重要任务。教育工作不应在任何一个环节出现缺失，在实际教学实践活动当中，对大学生的整体评价与衡量标准也同样应当以此为准，要把思想认识作为人才评价的重要部分，尤其是将个人道德的呈现事件和动态变化作为不可或缺的衡量因素，而不是把理论专业课的成绩作为评价学生的唯一硬性标准。

（二）以树人为核心，培养担当民族复兴大任的时代新人

1. 培养有实践能力的人

在思想政治教育过程中，提高大学生实践能力，对大学生的思想观念进行影响，最终还是要回归到实践领域，将其外化为推动社会发展的具体行动。高校思政育人工作，在原有"德智体美"的人才培养目标基础上，增加了"劳"这一表述，充分彰显了我党对于培育时代新人的实践要求。在革命年代有勇于牺牲自己、成全大局的革命者，在建设时期有兢兢业业、勤勤恳恳的建设者，在新时代，也需要有不到长城非好汉的时代新人为社会主义事业添砖加瓦。强调实践能力培养是思政教育中不可缺少的环节，因此，要使学生把书本层面的知识转化应用到实践活动中，为大学生道德行为规范的养成起到纠偏作用，将理论知识转化为真实能力，让大学生在自主解决实践问题中提升自身的素质水平。

2. 培养有创新能力的人

创新是社会进步的驱动力量，大学生是我国高等教育的培养对象，是社会建设的活跃力量，创新能力对于大学生而言至关重要，只有创新才能够深入地挖掘科学的本质，才能为社会的进步注入灵魂。在高校思政育人工作中，要对大学生进行渗透教育，向大学生传递创新的思想观念，培养新时代大学生的创新性思维，为社会发展培育永生力量。当代大学生要走在时代的前列，勇敢地怀疑和批判，打破思维束缚，从而才能不断获取突破性的进展。为了能够培养具有创新能力的大学生，在高校思政育人体系的创建过程中，既要以创新性的思维作为指导，对以往的教育理念、教学机制、教学方式方法进行创新和转变，学习更加先进的技术手段，为思政育人工作创造更多的新意，在无形中感染和熏陶大学生的思想，又要让大学生参与到与双创相关的活动之中，培养打破陈规、推陈出新的意志品质。

3. 培养有世界眼光的人

全球化形势对我国社会主义建设事业的推进也产生了一定的影响。自改革开放以来，"走出去"的战略思想便在我国孕育并不断发展；2018年宪法修正案中将"推动构建人类命运共同体"纳入宪法序言之中，要对大国合理关切，以本国的发展来推进各国的共同发展。种种迹象表明，中国特色社会主义事业的建设工作，与国际形势、世界发展之间的关联是十分紧密的。"得其大者可以兼其小"，高校全方位思政育人工作要把培养学生的世界眼光、提高大学生的战略敏锐性作为目标之一，在学生正确认识世界、评价世界的过程中教育、引导学生，使大学生能够以客观、理性的眼光看待世界发展趋势，找准位置和切入点，为国家繁荣复兴添砖加瓦、贡献力量。

四、"课程思政"视域下进行思想政治教育的原则

推动"思政课程"与"课程思政"协同发展，关键在于将思想政治教育德育元素渗透到知识、方法和实践活动中，引导学生将所学的知识转化为觉悟和品格，成为自身精神系统的有机组成部分，成为个体认识世界和改造世界的能力和素质。实现这种转变，要坚持以下三方面的原则。

（一）坚持显性教育与隐性教育相结合

坚持显性教育与隐性教育相结合，一方面，应针对不同课程内容特点和目标要求，对学生进行旗帜鲜明的思想政治教育，提高政治修养和政治觉悟，遇到现实政治思想教育中学生普遍存在的难点疑点时，要敢于发声，在课堂、媒体、网络等平台扩大宣传影响，打造惊涛拍岸的声势；另一方面，要从专业课程中提炼德育元素，融入教学中，以滴水穿石的态度对学生进行思想政治教育，达到润物无声的效果。"思政课程"作为一种显性教育，是新时期高校思想政治教育的主渠道，要旗帜鲜明地把马克思主义基本原理教育同习近平新时代中国特色社会主

义思想紧密结合起来，把学生思想品德教育同中华优秀传统文化、红色革命文化和社会主义先进文化紧密结合起来，从而实现高校立德树人的根本宗旨和教育目标。"课程思政"作为一种隐性教育，根据课程教学内容和特点，将古今中外名人故事、国际新闻动态事件以及社会主义核心价值观与所传授的教学内容有机结合，潜移默化地影响学生的思想观念和价值取向。隐性教育与显性教育有机结合，要通过"课程思政"教学方法的改革创新来实现，并且在创新中不断加强教育成效。在"课程思政"教学过程中，首先，要发挥"思政课程"的核心地位，实现对高校各门学科建设和学科教学的方向引领，体现马克思主义理论对其他课程教学的政治指导功能。其次，其他课程作为隐性教育，要在"守好一段渠，种好责任田"的同时，与思想政治理论课同向而行，发挥协同效应。最后，专业课教师结合所教课程的不同特点和不同教育对象，通过生动形象、贴近现实的案例，在实践活动层面上加强师生互动，从而真正达到对学生知识传授和品德形塑的有机统一。

（二）坚持知识传授和价值引领相结合

开展"课程思政"，不是单纯地传授理论知识，也不是开设新专业、新课程，并不要求每节课都必须进行系统化、显性化的思想政治教育，而是要依据各门学科各个专业的知识体系和内容特点，深入挖掘各门课程所蕴含的德育元素，并有机嵌入、融入思想政治教育过程中。各学科都是人类知识的长期积淀和经验总结，都包含对事物本身内在规律的整体认知和深刻把握。所以，掌握任何一门学科，都需要系统把握课程的知识结构和逻辑框架，不能零碎地、散乱地学习知识，这就需要对各科知识元素和具体内容进行价值整合，统筹谋划，实现知识体系和价值构建的有机统一。对于"课程思政"教师来说，在传授科学知识的同时，还要注重专业知识与人、社会和生活多向度的联系，建立相互交融的关系网络。比如讲授在某专业领域取得的巨大成就时，要引导学生树立探索科学、追求真理的勇气，弘扬一心为国、不怕牺牲的精神，培养学生敢于批判、勇于创新、追求真知的志趣，传承科学家的默默无闻、甘于奉献的高尚品格。

充分发挥社会主义核心价值观在"课程思政"教学中的引领作用。中国特色社会主义高等教育要求以德为统领，强化对价值观、世界观和人生观的塑造，加强对人文素质、审美情趣、职业素养、道德品格等方面的培养，为学生的健康成长打下坚实的基础。在课程教学中，将社会主义意识形态主导性的教育与"课程思政"教学方式的生动性、灵活性结合起来，既要增强马克思主义意识形态在课程教学过程中的主导作用，又要根据不同类型的课程、知识结构和教学内容有所侧重，有所取舍，实现主导性和多样性的统一。

总之，知识传授和价值引领的统一，要求在"课程思政"教学中重视人、环境、教育各因素的相互影响，实现三者的协同配合、同向发展；还要根据学生知识结构、年龄阶段、认知特点，结合不同学科、不同领域进行合理分配，处理好思政课、通识课和专业课的关系，发现学科之间所蕴含的共性元素，起到思想政治方向的引领作用；做好同心圆，拧成一条线，将课内与课外连接起来，把专业课蕴含的德育知识与个人发展贯穿起来，打通校内外网络平台沟通联系的"硬阻塞"，发挥高校思想政治在整个知识传授过程的价值引领功能。

（三）坚持统一要求和方法创新相结合

"课程思政"更加注重思想政治教学内容的整体规划、政策激励的引导、教学资源的供给，遵循"课程思政"教学的内在规律。同时，还根据学校特点、专业类型、课程内容等，鼓励"课程思政"教师对实践教学模式进行调整和创新。

首先，善于把握思想政治教育的工作规律。"课程思政"作为高校思想政治教育工作的一项重要工作，首先，要根据思政教育工作的性质和特点，确定"课程思政"教学的工作方式和方法。

其次，把握教师主导与学生主体的相互关系。"课程思政"教学除传授知识和培养业务技能之外，还要通过寓情于理、情理交融的方式，帮助学生形成良好的思想品德，树立正确价值观念，凝聚思想认同，增强道路自信、制度自信、理论自信、文化自信。

再次，要把握教书育人的教育规律。教书与育人密不可分，教书是育人的基础，知识传授需要价值引领，育人是教书的目的，两者密不可分。所以，教书育人要充分考虑到学生的认知结构、思想特点、现实需求，将价值观念、思想理论、精神气质变得更加接地气，更富有亲和力、感染力，让僵硬的抽象思想政治理论变得平易近人、真切感人。

最后，把握学生自身成长规律。学生在成长过程中具有明显的阶段性特征，体现了不同个性的发展需要。在"课程思政"教学过程中，从供给侧角度精准分析和了解学生所需的精神文化产品需求状况，根据不同专业、不同课程、不同学段的学生情况，加强马克思主义世界观、人生观和价值观的教育，为学生健康成长提供精准的政治导航。

五、"思政课程"与"课程思政"协同发展的实现路径

"课程思政"涉及各个学科、各个专业，是一项复杂的系统工程。它不仅涉及专业学科的建设、内容体系的构建，还涉及课程建设、制度方案等相关内容的整体安排。所以，要从顶层设计、体制机制、教学方式和评价体系等方面，加快"思政课程"与"课程思政"的协同发展。

（一）丰富教学内容设计

1. 加强高校"课程思政"教学内容的设计

加强"课程思政"教学体系建设，着眼于学校的长远发展目标，将"课程思政"目标与"双一流"学科建设相结合，从本科教学质量评估、"双万计划"等方面制订"课程思政"教学的发展规划；着眼于全课程的育人体系，完善专业人才培养方案，从培养目标、能力要求、知识任务等方面细化"课程思政"的教学质量标准，制定具体"课程思政"的教学指南；着眼评价指标体系建设，根据不同类型高校、专业特点，制定专业"课程思政"工作评价标准、教学评价指标体系、教学质量评价指标。通过构建以思政必修课为核心，以通识课和公共课为支撑，以各专业课为拓展的课程思政体系，最终实现全员、全过程、全方位育人。从当前思想政治教学目标看，高校思政课主要以马克思主义理论公共课为基础，加强对社会主义核心价值观的教育，为中国特色社会主义制度和现代化建设服务，为坚定中国特色社会主义的道路自信、制度自信、理论自信、文化自信服务，为培养合格的社会主义建设者和接班人服务。"课程思政"教学过程中，要充分发挥思政课程的主导作用，以社会主义核心价值观为引领，对课程内容、教学方法、师资力量、交流平台等方面进行全方位改革，将政治理论知识与时政热点紧密结合。善于从专业视角对学生感兴趣的话题深入剖析，增强课堂的吸引力和趣味性，从而增强学生对国家和社会的责任感和使命感。充分发挥通识课在高校思想政治教育中的支撑作用，高校要根据自身办学特色、基础条件、资源优势等，开设通识教育课程，在课程内容、教学方法、师资力量等方面构建科学完整、系统有序的"课程思政"教学体系。充分发挥专业课在思想政治教育过程中的拓展作用，利用哲学社会科学课程培养学生的哲学思维、科学思维等，并且注重在自然科学课程教学中培养学生的职业道德素养、科学精神、社会责任等。

2. 加强"课程思政"教学重点内容研究

加大对专业课程德育元素的资源挖掘。"课程思政"要善于挖掘各专业课程中的德育元素，并贯穿于教学过程中，与专业课程教学紧密地结合在一起，便于

学生更好地领会接受。

善于从知名人物及其事件中挖掘其内在的深刻含义，提炼精神文化，把握精神实质，让学生从名人事迹中获取内在力量，学习名人立志成才、报效国家的高尚情怀，激发从事本专业工作的精神动力，鼓励学生刻苦学习，专心从事科研，勇于攀登科学高峰，为学生最终选择专业、选择工作打下坚实的基础。

善于从学校学科发展特色和背景中挖掘所蕴含的思政元素，真正形成具有特色个性化的课程体系。对于不同专业课教师，要从专业的学科知识体系中明确德育的主要内容和价值方向，利用不同的教学方式和教学手段实现专业知识与育人目标的有机统一。

加大"课程思政"教材内容编写和修订。在"课程思政"教学过程中，所涉及学科划分复杂、内容广泛，需要对思政课与"课程思政"相关问题系统梳理、深入研究，并把研究成果转为"课程思政"的教学内容，解决学生内心的"政治困惑"和思想疑点。要对专业课教材和思政课教材进行适度的修改，根据内容特点和目标要求增添一些德育元素，增强"课程思政"教学的趣味性和生动性。

创新"课程思政"教学形式，充分利用现代传媒和网络信息网络技术优势，通过微博、QQ、微信等社交软件，加大"课程思政"宣传力度，让广大高校师生在思想认同、目标一致、步调协同等要求下形成"课程思政"的教学格局。

要加大对示范项目的建设力度。选择一批学院、一些课程、一批教师进行示范项目建设，可以在校党委和二级学院党组织的指导和监督下，总结提炼可供复制、推广的经验做法，并将其逐步展开。高校各职能部门也要树立立德树人的教育理念，充分发挥党员教师的先锋模范带头作用。

（二）优化教学课程

1. 从育人目标上实现各类课程的优化升级

高校培养人才的过程既要育才，同时也更要育人，这是一个相辅相成的过程，只有将育才和育人的理念融合在一起，才能真正培养出优质的人才。课程思政的教育工作应与思政课程的教学目标、教学理念和教学方式方法保持一致。高校育人目标与各门课程的能力目标和知识目标等因素都是密切相关的。因此，在新形势下，高校的基础课以及专业课都应创新现有的教学方式方法，不只是注重在课堂上传输知识，更要注重提升学生的综合素质，教学的过程中还要注重帮助学生树立正确的价值观，保证思政课程和课程思政教学工作步调的一致性。教师应在充分结合正确的人生观、世界观、价值观以及职业道德和社会公德的基础上设计所教授学科的教学目标，培养学生具有良好的职业品格和职业态度，在教学过程中有步骤地进行思想政治教育工作。教学过程中应明确人才的培养目标为"立德树人"，重点做好对学生的人格品质和信念理想等方面的教育工作，从而培养出符合新时代社会发展要求的高素质人才。

2. 不断创新育人的方式方法，促进课程的优化升级

在新时代的发展和要求下，各大高校只有真正做好了思想政治教育工作，才能更加顺利地完成"立德树人"的育人目标，无论是思政课程，还是课程思政，育人都是其真正的教育目标。育人是一个整体的过程，无法将其划分成若干个部分，因此，育人的过程中应保证每一个部分都能密切配合并且保证思想价值和技能培养的互相渗透，进而形成合力，保证育人目标的顺利完成。课程思政与思政课程要想真正实现协同育人，就要求教师不仅要能够有效地传播学科知识，同时在教学过程中还要渗透好思想政治教育任务，思想政治教育工作一定要更加贴近学生在实际教学中采用的学习模式。以宣扬社会主义核心价值观以及诚实守信、民族自豪感等优秀品德作为基础来做好课程思政的教育工作，教师多采用形式多样的教学方式方法来融合学科理论知识和技能训练的相关内容，如反思式教学和启发式教学等方法，力求在让学生掌握学科知识技能的基础上体会到他们应具备的职业精神和思想品德。以"国际关系概论"这门课程的教学为例，教师采取多元化教学方法进行课程思政的教学，告诉学生可以借助马克思主义理论来对当前社会的发展形势进行科学的分析，帮助学生在学习的过程中形成正确的人生观、世界观和价值观。育人过程中同样也要明确学生的主体地位，借助于先进的教学技术和教学方法来将复杂抽象的教学内容生动地展现出来，不断提升学生的理论知识储备，让学生在实践训练的过程中真正深刻体会到思政政治理论所想要表达的内容，可以在省内各类高校中选出省级示范课点，并相继建设市级以及区级的示范课程，筛选出那些具备优异师德和高尚素质的教学名师团队，建设课程思政的教学研究榜样单位，以这种榜样的提升来提升省内各类高校的育人效果和水平。

3. 丰富育人教学元素，实现课程的优化升级

为了更好地促进高校课程思政与思政课程协同育人目标的顺利完成，还必须进一步地挖掘其育人元素，并对现有育人元素进行丰富和挖掘。要想将思想政治教育资源和元素合理地融入各门学科的教学过程中并不容易，各门学科的教师在建设课程目标时也应让思政教师参与进来。以"立德树人"的育人目标为基础，从社会主义核心价值观和职业道德教育等方面不断地丰富现有的教育过程中的育人元素。互联网时代的高校大学生是非常乐于学习新知识的，特别是那些他们感

兴趣的知识，那么将可以激发学生学习兴趣的时政知识融入教学过程中就是一项关键课题了，课程思政的建设工作是需要学科教师和思政教师配合协作的，共同制定出将思政知识融入学科教学中的有效对策。当然，各学科的教学工作也切忌出现"全部思政化"的现象，应在充分分析各门课程实际特点的基础上发挥出思政课的引领作用，提升课程思政的育人效果。

（三）完善高校领导机制

高校"课程思政"要做好顶层设计，统筹谋划课程建设整体思路，探索课程思政教学的常态化运行机制，根据不同学科、不同专业建立行之有效的领导机制、管理机制、评价机制。在领导机制方面，校领导要发挥主体责任作用，深入教学一线亲自指导，关注思政课，走进课堂，了解当前高校学生思想政治理论课的情况。在管理机制方面，应加强学校领导、宣传部、教务处等职能部门的相互配合，强化对课程培养方案、教材建设、师资队伍建设等的密切配合，深入了解各学科内部建设情况，形成"课程思政"教育的合力。在监督评价方面，职能部门要修订完善相关管理文件，在制度层面，根据常态化、科学化要求，制订"课程思政"建设相关方案。教务处、人事处、科研处、各学院要把"课程思政"建设成效和工作业绩纳入教师党支部考核指标体系。在高校教师职称聘任、职务晋升和评优表彰中，明确"课程思政"的相关要求。在监督评价机制方面，要坚持立德树人的教育理念，将"课程思政"的教学质量和学生成长目标作为评价标准，建立完善的监督体制。在激励机制方面，完善资助奖励"课程思政"建设的各种激励办法和奖励措施，对"课程思政"教学有突出贡献的专家学者给予适当的奖励，为其提供物质保障和制度保障，提升各专业教师的积极性、主动性和创造性。

（四）创新教学模式

在"课程思政"教育活动中，需要科学定位思想政治理论课教师与其他专业课程教师之间的关系。在整个思想政治教育体系中，要建立专业课程与思想政治理论课之间的良性互动机制。在课程资源开发方面，要从"课程思政"的整体规划与设计、思政教育内容的深度开发、专业课程思政教材修改完善、思想政治教育实践平台与基地建设等方面，推进思想政治教育课程理论体系的重构和创新。在教学互动中，建立思政课教师与专业课教师的互动合作模式。加强"课程思政"教学活动设计、教学资源整合，完善思想政治理论课教学体系。由于"课程思政"内容性质和目标要求决定教学方法特殊性，这不仅要聚焦专业方向，发挥价值引领作用，而且要加强学科互动，资源整合，提高思想政治教育的实效性。针对在教学中遇到的重点、难点，相互探讨，相互切磋，并制定相应对策，共同促进"课程思政"教育质量和教育水平的提升。

1. 实现线上学习和线下探讨的协同

随着我国互联网技术的迅速发展，应借助于大数据、智慧城市、物联网以及移动互联网等先进技术建设高校的线上学习平台，更科学地应用信息化的教学环境，同时高校还可以在线上建设全媒体中心。举例来说，高校可以建设思政课程与课程思政的信息化教学资源共享平台，学生在这一平台可完成基础课、专业课以及思政课等各门课程的学习任务，并且在平台的云端还可以建立思政课程与课程思政的优秀案例习题库，并定期定时地向浏览平台的高校学生推送和展示，学生若想了解相关知识只需登录平台即可。应创新现有的育人模式，保证高校的整体育人效果，促进学生的全方位发展。

创建线上学习平台的同时也要保证线下研讨的阵地，将"立德树人"作为线下教学工作的基本点，并更加明确学生在研讨过程中的主体地位，从而有效完善现有的教学方式方法。综合分析从线上学习平台所汇总的学生的学习数据和成果，制定出更具差异化和针对性的解决对策。教师在备课的过程中，均可以共享专业教学资源库中的各类教学资源，构建出能够覆盖全体师生以及满足全体学生特色需求的线上学习与线下研讨联动的思想教育工作模式。

2. 实现课堂教学与课下活动的协同

教师在教学的过程中一定要秉持"育人共同体"的理念，在遵循精准、融合等教学原则的基础上将思政元素与各门课程的理论知识和技能训练内容紧密地结合在一起，实现价值引领和知识传授的协调统一，就能够在潜移默化中取得优异的育人效果。为更好地保证高校"立德树人"教学目标的有效完成，就要更加发挥出各门课程思想引领和政治强化的重要作用。教师在设计所教授课程的教学目标时要融入人生观和价值观教育，而在培养学生的实操技能时也可以融入职业操守、职业素养以及诚实守信等思政元素。将思想政治教育与课程的教学过程有机地融合，教师应能够成为学生的标杆和榜样，这就要求了教师也要具备良好的职业素养和人文素养，这样才能最大限度地保证课程的育人效果。

课下也要为学生安排一些教学活动，此时就要充分考虑到学生的学习兴趣和社会的发展需求等因素，多向学生展示一些与思想政治教育相关的媒体资源，让学生认识到社会主义核心价值观以及道德品德对于个人发展的重要性。课堂上应注重激发学生的学习兴趣，课下应注重宣讲思政课程与课程思政协同育人的先进事迹，课下还可以安排学生深入的社会上进行实践调研，对社会上的时事热点新闻进行深入挖掘和分析，不断地提升学生的职业品德和人文素养，保证整体的教学效果。

3. 实现校内培训和校外实训的协同

高校还应更加注重提升教师团队的综合素质，应共同做好对学生的实践指导工作。在集体备课的过程中，教师应将自身在课程思政教学过程中所遇到的问题提出来，并与其他教师共同研究改进策略，应以不断提升学生的综合素质为基础来完成好课程思政的教育任务，高校也应在不断丰富育人元素的基础上，发挥出校内实践、研发、组织和网络等多个方面的育人功能。同时在校外还要建立各类实践训练基地，实践导师也要以"立德树人"为目标对学生进行训练和指导，并深入挖掘实操过程中的思想政治元素，将思政教育的相关内容与课程的专业操作知识有效地结合，在学习专业技能的同时也要培养良好的职业道德和职业操守。学生在实训基地上实践课的业务时间可开展相关的红色教育内容，在假期的时候教师可带领学生去参观红色基地，培养学生的爱国情怀，并将这种情怀逐步的转变成其良好的职业道德和拼搏精神，鼓励学生在业务时间多去参加课外的志愿服务活动，如关爱他人、助残服老和公益宣传等活动，帮助他们形成良好的奉献社会的精神和责任意识，并鼓励他们一定要坚定践行社会主义核心价值观。在学生的成长过程中，应充分发挥出学业导师、实操导师和榜样楷模的引领作用，形成一个校内外共同完成思政教育目标的格局。

第二节 "三全育人"视域下的思想政治教育

一、"三全育人"的内涵与内容

（一）"三全育人"的提出及其基本内涵

当前大学生处于世界观、人生观、价值观形成的重要阶段，容易受到网络不良信息的冲击，导致"丧文化"流行，甚至造成信仰缺失和理想信念动摇。习近平总书记深刻把握高等教育在大学生成长成才过程中的重要性，审时度势，提出"全员育人、全过程育人、全方位育人"的战略举措，要求各高校加强思想政治教育工作，全面贯彻落实立德树人的根本任务。2018年习近平总书记在全国教育大会上指出:"培养什么人,是教育的首要问题。"习近平总书记在多次讲话中也提到"培养什么人、怎样培养人、为谁培养人"这一根本问题[①]。在新时期,我国教育的基本方向和目标是培养德智体美劳全面发展的社会主义建设者和接班人,而要实现这一目标,必须将人才培养贯穿到教育教学的全过程之中。培养德智体美劳全面发展的社会主义建设者和接班人不仅是教育工作的根本任务,更是教育朝现代化方向发展的目标。"三全育人"战略要求高校在培育人才的过程中,要胸怀大局,调动一切可以利用的资源,既注重宏观方面的顶层设计,又关注微观方面的管理。要把知识教育、道德教育、法制教育、美育教育、劳动教育与体育教育融合到教育的全过程中;在整个教育的过程中,要立足每一个学生,关注每一个个体,公平公正地实施教育;要通过多种手段,增强教育效果,既要沿用传统教学中的优秀的教学方法,又要灵活运用现代化教育手段和方式,使教育取得更好的成效。

在"三全育人"过程中,各高校应有效整合教育资源,以全面提高人才培养的质量为关键,切实提高教师的育人水平,进行有针对性的教育工作,强化基础知识教育,突出重点难点,建立健全体制机制,落实相关责任,构建教育内容丰富、考核标准完善,以及科学运行、有制度保障且成效显著的思想政治教育工作体系。科学的思想政治教育工作体系必须将"全员育人、全过程育人、全方位育人"切实落实到新时期大思政教育工作中去,体现思想政治教育过程中育人的全员性、全过程性和全方位性。"三全育人"是新时期实施大思政教育的全新方式,对高校实施大思政教育具有重大的理论和实践意义。

(二)高校"三全育人"工作的理论内涵

党的十九大对我国高等教育工作提出了明确的要求,高校要坚持把立德树人作为立身之本,加大人才培养力度。2018年5月,教育部在推进"三全育人"综合试点改革工作时,印发了《普通高等学校"三全育人"综合改革试点建设标准》,并于2018年9月向全社会公示了首批"三全育人"综合试点高校名单,标志着我国"三全育人"工作进入了全新的发展阶段。随着社会的不断发展和进步,要深入推进高校"三全育人"工作,就需要党和国家在全面强化高校育人工作举措的前提下,为高校立德树人与学生发展提供政策保障和法律依据。"三全育人"是新时期高校围绕立德树人根本任务着力构建的具有可行性、系统性、全面性特

---

① 王明建."为谁培养人"——中国共产党百年教育地位溯源[J].河北师范大学学报(教育科学版),2021(03):8-16.

点的全新育人体系,该体系的构建和施行为高校思想政治工作的有效开展提供了全面的保障和支持。"三全育人"体系中的全员育人,实际上就是构建以党政领导干部、思政课教师、专业课教师、辅导员、共青团干部等所有与教学、管理和服务相关的人员为主体,积极参与人才培养的工作体系。全过程育人则是将育人元素融入大学生在校期间学习、生活的各个阶段,从教学、管理、服务工作等方面着手推进高校思想政治工作,在潜移默化的过程中影响和熏陶在校大学生,从而有效提升大学生思想政治素质。高校开展全方位育人工作,要充分发挥各个育人载体的优势,深入挖掘以课程、科研、实践、文化、网络、心理、管理、服务、资助、组织等为主要内容的"十大育人"要素,对在校大学生进行全方位教育与管理,并将思想政治教育元素寓于其中。

(三)"三全育人"具体内容

全员育人,首先要求做好每一个学生的思想政治教育工作,同时提升其专业知识水平;其次,要充分认识到育人的责任主体,从而构建各主体间的协同育人机制,采取协同育人措施,真正达到全员育人的目的;最后,全员育人的责任主体应是多元的,是一个多元主体责任共担、共同发力的过程,这个多元责任主体包括学校、家庭、社会和学生,必须明确不同主体在育人过程中承担的职责,真正担负起育人的责任。

全过程育人,就是要将思想政治教育贯穿于学生在校期间整个学习生活的始终,尤其在大学阶段,不仅是专业知识的储备期,也是学生世界观、人生观、价值观形成的关键阶段,一定要引导学生树立正确的世界观、人生观和价值观,提高明辨是非和价值判断的能力,引导学生树立远大理想,为中华民族的伟大复兴而努力学习;在育人过程中,要做好思想政治教育课程与专业课程思政教育的有效结合,既要做好大学生思想政治教育理论课的教学,又要督促高校教师在专业课教学中实施好课程思政教育,激发课程思政的魅力与活力;再就是在育人过程中,要在讲授好理论课的同时,积极拓展思政教育的实践渠道,拓展实践育人的共同体,增加双创课程、创客空间,组织学生参加全国"互联网+"创新创业大赛、挑战杯、创青春等活动,积极拓展思政教育的实践教学领域。

全方位育人,主要是通过各种途径,实现学生全面发展,尤其要树立课程思政的理念,将各门课程与思政课程联系起来,相向同行,形成思想政治教育工作的协同效应,通过各门课程、各个环节的协同发力,提高教育实效;将思想政治教育工作贯穿于日常学科教育之中,建立适应新形势的学生管理体系,从而达到

"三全育人"的教育目标；要营造浓厚的育人氛围，建设有利于人才成长的文化；重视互联网对高校育人的影响，让大数据时代的互联网发挥育人的正向作用；落实好高校组织育人工作，积极发挥高校学生社团的作用，强化育人品牌，让大学生社团在育人中发挥自我管理自我成长的作用。

二、高校"三全育人"工作的特点

（一）时代性

"三全育人"教育理念不仅是对马克思主义理论中国化的进一步传承和发展，同时也是一种符合我国当前国情的先进理论体系，其所体现出的鲜明时代特征，为广大青少年的成长和发展指明了方向。高校在积极创新和改革"三全育人"教育模式时，应该在充分体现思想政治工作时代性特色的基础上，构建多元化的"三全育人"工作体系，才能满足社会发展对高校思想政治工作提出的新要求。

（二）创新性

"三全育人"教育理念要求高校在开展大学生思想政治教育工作时，必须充分遵循马克思主义青年观思想创新发展的基本规律。这种创新发展，不仅融入了中华民族悠久的发展历史和文化思维，而且是一种充满能量的思想引领体系。社会不断发展进步的同时，"三全育人"的实施对青少年发展和成才等各方面的要求也随之提高。高校开展"三全育人"工作，必须严格按照全员参与、全过程实施、全方位布局的育人模式要求，进一步改进思想政治工作的实施策略，构建完善的课程设置体系、效果评价制度与考核评价机制，这样才能在明确"三全育人"教育创新思路的前提下，夯实"三全育人"工作基础，进而提高学校思想政治工作成效。

（三）实践性

高校应该在充分重视实践育人的基础上，将生产劳动与教育实践结合在一起纳入教育教学体系。"三全育人"教育理念就是要求高校要遵循在实践中培养人才、锻炼人才的原则和思路，加强新时期青年学生社会责任感与担当意识的培养力度，要求青年学生积极参与社会主义建设实践活动，进而为实现民族复兴和国家振兴贡献出自己的一份力量。

三、"三全育人"和思想政治教育之间的联系

（一）两者同属大思政系统

系统是由各种相互联系和影响的部分组成的，大思政系统是指在进行思想政治教育过程中形成的各种理念和体制共同形成的有机整体。"三全育人"和思想政治教育同属大思政系统，是大思政系统里理论和实践的两个不同部分。思想政治教育承载着为党育人、为国育才的神圣使命，"三全育人"是高校思想政治教育工作的指导思想。新时期，高校思想政治教育工作更是迎来了发展的新阶段，"三全育人"和思想政治教育都是为了更好地服务于高校教育工作。"三全育人"思想从理论层面对高校开展思想政治教育工作界定了尺度和原则，而思想政治教育工作则是从实践层面拓宽教育工作的途径和形式，两者以不同的形式存在于大思政的系统中。

（二）思想政治教育工作是贯彻"三全育人"理念的重要途径

"三全育人"强调思想政治教育工作的全覆盖格局，将意识形态教育融入学生学习和生活的方方面面，从而实现对学生思想的引领。一方面，高校思想政治教育工作是意识形态教育工作的重要实践途径，同时也是贯彻"三全育人"理念的重要实践。高校思想政治教育工作是对学生进行思想价值传递和灌输的教学活动，学校开展思想政治教育工作必然要从任课教师、教学方式和教学载体等层面进行创新探索，这个过程就是贯彻"三全育人"理念的过程。另一方面，高校思想政治教育作为思想政治工作的重要载体，也为学校贯彻"三全育人"理念提供了重要的实践平台。高校思想政治教育通过对学校顶层设计和教学环节进行统筹，构建学生思想政治教育工作体系，从而验证"三全育人"理念在思想政治教育工作中应用的可行性和科学性。

四、"三全育人"视域下高校大学生思想政治教育的困境

"三全育人"既是高校育人的理念，也是路径，具有理论与实践相结合的意义，是高校提升人才培育水平的基本指导思想。如何结合实际情况贯彻落实这一理念，则需要进一步分析当前高校思想政治教育中存在的困境。互联网的发展、高校教育资源的重新整合、教育方式的变革都深刻影响着高校人才的培育。

（一）互联网发展对大学生思想政治教育带来挑战

在互联网高速发展的背景下，大学生的日常学习容易趋于"碎片化"，高校思想政治教育方式难以跟上现代化发展速度，导致一些大学生存在思维空洞问题，缺少精神依托。科技在带给人类福利的同时，也会带来一些负面作用。高校享受着互联网技术发展带来的便利，也不可避免地会受到一些负面效应的干扰。当前互联网信息的传播缺乏有效管制，大学生现有的思想条件无法完全做到对海量信息的有效甄别，有时甚至会误导学生作出错误的价值判断，这会增加思想政治教育的难度。微博、微信等自媒体的快速发展，很大程度上削弱了高校在思想政治教育上的话语权，加大了大学生构建系统知识体系的难度。互联网的大发展，使人类进入了网络时代，但网络带来的副作用需要我们高度警惕。

（二）高校思想政治教育资源难以有效整合

高校思想政治教育工作的开展依托多个育人主体，专业课教师、思政教师、辅导员等成为高校思想政治教育的主力军。全员、全过程、全方位育人，要求高校合理整合资源，打造高校、政府、家庭和社会协同育人的大格局。在此过程中，专业课教师主要专注于传授专业知识、提升学生的专业知识水平和专业技能，缺乏思政教育渗透意识。思政课教师能够熟练掌握思想政治的理论知识，但缺乏实际操作经验。高校辅导员与学生群体的接触最为频繁，具备解决事务性问题的实践经验，但存在理论基础薄弱、专业知识匮乏等问题。高校思想政治教育在专业课教师、思政课教师、辅导员三者之间缺乏有效合作、衔接不够，导致思想政治教育资源分散，没有得到有效整合，无法发挥资源的最大效用。在深化"三全育人"综合改革过程中，专业课教师、思政课教师、辅导员三者应积极有效合作，构建协同育人、系统育人机制，发挥思想政治教育的协同育人效应。

（三）思想政治教育方式还难以让其功能得到有效发挥

当前，高校实施思想政治教育的方式欠科学，不能适应大数据时代带来的变化，不能跟上信息时代的需求。传统的师授生听的教育方式，缺乏对学生需求和价值的关注，缺乏针对性，削弱了教师授课的引导力和吸引力，难以达到"内化于心"的教学效果，必须革新。一方面，传统的思想政治教育往往在教室里完成，缺少与之对应的社会实践，学生很难有"外化于行"的实践机会，因此，如何使思想政治教育走出课堂，做到知行合一，是我们必须思考的问题；另一方面，教师的理论灌输，缺少与受教育群体的互动和情感共鸣。当今"00后"的大学生思想活跃，情感丰富，价值观呈现不断变化和复杂多元的特征，更需要我们走进他们的心灵去把握，实施个性化和定制化的思想政治教育。我国正处在主要矛盾的深刻变化时期，大学生树立坚定的理想信念、形成理性批判精神和树立社会主义核心价值观非常重要，但其形成过程又会比较复杂和曲折。思想未系统成型的当代青年大学生，极易迷失在多元的价值观里，导致理想信念不够坚定，从而在一定程度上增加了大学生思想政治教育的难度。如何改变教育方式，适应网络时代的思想政治教育要求，利用互联网技术进行思想政治教育的智能化和网络化，让思想政治教育的作用和价值得到有效发挥，这是大学生思想政治教育必须关注的一个重大问题。

五、高校"三全育人"工作长效机制的建立

（一）精准把握构建"三全育人"工作长效机制的关键点

1.建立社会、学校、家庭、学生协同育人机制

所谓全员育人就是要求领导干部、管理人员、专业教师等教职工将大学生思想政治教育融入自身的岗位工作，明确自身在育人工作中承担的责任和义务，确保全员育人目标的顺利实现。这就要求高校必须从以下几方面着手，积极推动全员育人工作的开展。第一，要进一步完善"三全育人"工作机制。教育引导青年学生树立正确的理想信念，全面提升自身道德修养，加快形成德智并重、德育为先的课程设置体系。课堂是大学生获取知识技能的主要阵地，育人工作不能只停留在思政课堂上，而应在不同学科领域都要加强思想政治教育，多学科、多元化进行思想政治教育渗透，各类教师应当在各自承担的课程之中深入挖掘育人元素，优化"课程育人"培养方案，推动课程思政与思政课程同向同行。第二，将全员育人责任落实到高校各级领导干部。高校在开展育人工作时，要注重增强学校各级领导干部参与育人工作的主动意识，从制度层面上着手，建立并完善高校全员育人工作机制，确保全员育人工作的有序开展。第三，加大高校思政产学研协同育人机制建设力度。高校应该在全面优化和完善育人工作顶层设计理念的基础上，与政府联合建立保障体系，充分发挥育人合作机制的优势，将育人工作与地方经济发展相结合，推动思政产学研融合发展，确保协同育人目标的顺利实现。

2.将育人工作融入大学生的学习和生活

高校推进育人工作，要将育人元素融入学生学习和生活的各个方面，坚持以立德树人为根本任务，妥善解决高校育人工作中存在的问题。首先，优化育人工

作机制。按照育人的目标导向原则，建立一套完整的制度体系和资源配套机制，将大学生的职业生涯发展与个性化培养有机结合。在实践教育方面，要坚持对大学生的理论教育与实践养成相结合，丰富实践内容，拓展实践平台，进一步提高"实践育人"质量。在文化建设方面，要注重以文化人、以文育人，结合学校自身特点，打造文化品牌，创新"文化育人"表达形式。随着互联网的深入发展，网络成为当今大学生学习和生活的主要平台，高校教师要不断进行探索和尝试，通过互联网和新媒体平台，提高"网络育人"能力，积极正确地引导大学生树立正确的世界观、人生观、价值观。同时，高校还要强化科学管理对道德涵育的保障功能，把解决大学生实际问题与思想问题结合起来，进一步提高"管理育人"与"服务育人"工作质量。针对贫困大学生，要坚持把"扶困"与"扶智"、"扶困"与"扶志"结合在一起，构建"资助育人"长效机制。把组织建设与教育引领相融合，充分发挥各组织在大学生群体中的政治核心作用与战斗堡垒作用，提高"组织育人"水平。其次，时刻掌握育人措施的施行情况。高校开展育人工作，既要注重引导大学生加强理论知识学习，还应密切关注大学生个人综合素质的提高。要坚持以课堂教学为基础，鼓励大学生向第二课堂延伸，充分发挥学校、家庭、社会协同育人优势，进一步提高全过程育人工作成效。另外，高校要把"心理育人"摆在重要位置。由于学生在大学校园学习生活期间，经常会面临学习、生活、情感等方面的压力，难免会出现焦虑、紧张情绪，高校应当将心理健康教育作为常态化课程长期开展，有效缓解学生压力，帮助学生更好地适应大学生活，做好在校期间的学业生涯规划。

3. 结合社会发展需求创新人才培养模式

育人工作要在社会主义核心价值观的引领下，推动高校大学生人才培养方案的制定和实施，促进大学生核心素养的稳步提高。一是要站在学科发展的角度上培养大学生的专业素养。对于学术型人才来说，应该在注重学术训练、发表学术成果等方面能力培养的基础上，鼓励和引导学生将科研目标的达成作为其学习的首要任务。通过组织大学生参加学术论坛、教师沙龙、学科竞赛等活动，创新"科研育人"手段，将科研训练与科研素养的培养落实到日常教育教学工作中，为大学生搭建参加科学研讨活动的平台，促进大学生科研素质和能力的有效提升。二是要培养与社会发展协同并进的应用型人才。鼓励部分本科院校转型为应用型技术院校，加大应用型人才培养力度，切实将大学生培养成真正为地方经济发展服务的技术型人才。三是要加大创新型人才培养力度。随着时代的变迁、社会的进步，创新型人才成为国家发展的重要战略资源，因此，高校教师应当对学生的创造性思维和创新能力加以重点培养，帮助学生激发内在潜能。同时，在理论课程教学中，还要加强创新表达能力的训练。

4.充分发挥高校辅导员的作用

（1）转变思想认识，树立"三全育人"理念

思想是行为的先导，正确的育人理念是推动"三全育人"体系贯彻落实的前提和基础。"三全育人"理论强调以系统的观念开展大学生思想政治教育工作，当前在整合育人主体力量时，高校需要面向全体教职工明确"全员"育人的思想认知，转变部分教育工作者，尤其是专业课教师"重智育、轻德育""重教书、轻育人"的思想认识偏差，树立"课程思政"的意识，构建"大思政"育人格局；要认识到思想政治教育工作者与专业课教师之间在育人上存在的差异性与同一性，建立协同育人机制，充分发挥专业课教师作为课程育人主体的作用，挖掘专业课程中蕴含的思政元素，将其纳入课堂教学，作为课堂讲授的重要内容。辅导员需要充分认识到在"三全育人"体系下的重要地位和特殊作用，把握好思政工作骨干力量的角色定位，提高职业的荣誉感和使命感。辅导员要创新日常思想政治教育工作的方式方法，积极通过政策宣讲、主题班会、谈心谈话等方式，利用微信、微博、微视频等新媒体技术，将"十大育人"体系中包含的育人要素融入于教育之中，贯穿学生从入学、在校到毕业期间成长成才的全过程，覆盖学习、交友、择业、生活等全方位，促进学生综合素养全面发展。同时，辅导员作为哲学社会科学教师，承担着思想政治理论课、大学生职业发展与就业指导、形势与政策、心理健康教育等课程教学任务，与专业课教师承担的育人使命相同，要增强身份认同感，将"三全育人"理念融入教育教学全过程，共同做好立德树人工作。

（2）建立融通机制，形成"三全育人"合力

机制建设是"三全育人"从理念到实践落地的有力保障。"三全育人"工作的最终落实，辅导员起到关键作用，但是仅靠辅导员很难完成全面的育人工作，需要高校充分挖掘内部各育人主体、各职能处室、各环节的育人元素，建立起"三全育人"融通机制。不同育人要素之间要打通沟通壁垒，衔接断点，覆盖盲区，相互配合、同心同向、协同育人，形成育人合力。建立健全融通机制是推动"三全育人"长效运行的保证，需要高校做好"三全育人"的顶层设计，完善"三全育人"工作机制，建立问题清单、任务清单和责任清单，细化工作台账，强化育人工作督导，注重育人成效。围绕"十大育人"体系，高校要以辅导员为主要组成部分建设一支政治强、业务精、纪律严、作风正的"三全育人"教师队伍。辅

导员要在"三全育人"力量中发挥好主体引领作用，积极主动地与其他育人力量开展常态化的交流沟通，围绕思想政治工作的难点和热点进行深入研讨交流，形成相对一致的思想认知，开展目标统一的育人实践，为更好地解决学生的思想问题和实际问题服务，发挥好各自育人优势，弥补短板弱项，切实使思政教育更有温度，立德树人更有效度，以此满足学生、社会和时代的发展需求。

（3）增强育人本领，提高"三全育人"能力

"三全育人"体系以"十大育人"内容为基础，涵盖了学生成长成才全过程，发挥好全面的育人功能对辅导员综合素质能力有着较高要求，需要辅导员具备扎实的思想政治教育理论基础和育人技能。因此，加强辅导员队伍建设，推动辅导员队伍职业化、专业化发展，增强辅导员育人本领，提升辅导员的"三全育人"能力，是"三全育人"长效机制建立的基础性工作。如果辅导员素质能力不能得到有效提高，"三全育人"体系的根基就很难得到保障。

辅导员"三全育人"能力的提高需要解决好"内向用力"和"外向用力"问题；"内向用力"需要辅导员按照相关政策文件中关于辅导员的工作职责与要求，善于学习，勤于思考，掌握相关专业知识和育人技能，增强思想理论教育和价值引领的育人本领，全面提升从事思想政治工作的能力素质；"外向用力"需要通过外部力量提升辅导员"三全育人"能力，主要是高校要不断加强辅导员队伍的培训力度，设立辅导员培训专项经费保障辅导员能够进行校内外全面、系统、专业的育人知识和技能的学习。同时，高校需要鼓励、支持辅导员参加素质能力大赛，承担思想政治理论课、就业创业指导等相关课程的教学工作，推动不同高校辅导员之间的交流学习、挂职锻炼、攻读马克思主义理论相关专业博士学位等，关心并满足辅导员职业发展需求，逐步建立起辅导员"三全育人"工作体系。

（4）完善评价体系，激发"三全育人"动力

高等教育发展水平是评价一个国家综合国力的重要标志，人才的培养质量是评价一所高校教育教学能力的重要标尺，而人才培养的关键在于教师。习近平总书记在全国教育大会上充分肯定了教师在国家发展和民族振兴中作出的重大贡献。辅导员作为教师队伍的重要组成部分，使命光荣，责任重大，如何建立一套科学规范的"三全育人"工作考核评价体系，激发出辅导员在"三全育人"体系中的动力，需要高校进一步加强辅导员队伍建设的顶层设计，完善辅导员思想政治工作成效评价标准。在辅导员队伍建设上，高校要坚持职业化、专业化发展总目标，不断提升辅导员在"三全育人"工作中的能力水平和岗位胜任力。在辅导员工作评价上要坚持定性分析和定量分析相结合原则，突出育人实绩评价。根据

辅导员育人工作实际，加强对辅导员的人文关怀，关心和满足辅导员职业发展需求，研究制定一套内容全面、指标合理、方法科学的评价体系；同时，高校要发挥考评的正向激励作用，对每年在育人工作中表现突出的辅导员授予"三全育人"优秀辅导员荣誉称号，纳入职称晋升、绩效奖励等序列，进一步激发辅导员的工作动力。

（二）强化高校"三全育人"工作联动机制的保障措施

1. 完善党委统一领导的联动机制

高校要在充分发挥自身育人优势的前提下，构建完善的"三全育人"领导机制，建立健全育人责任体系，进一步强化领导责任，从而提升大学生思想政治教育工作成效。学校党委要加强对思想政治工作的全面领导，建立党委统一领导、有关部门分工负责、全员协同参与的工作协调机制，发挥高校党委在思想政治工作中的核心领导作用，全面统筹各方面的育人资源，充分调动校内外各方面力量积极参与学校的育人工作，进一步将思想政治工作贯穿到学校教育教学的各项体系之中，促进高校育人能力和水平的全方位提升，切实保障"三全育人"工作机制有效运行。

2. 成立监管有效的工作小组

高校应该严格按照"三全育人"工作有关要求，建立思想政治工作领导小组，解决学校在育人过程中出现的各类问题，保证"三全育人"工作的顺利开展。党的领导在高等教育事业发展中起着决定性作用，加强和改进思想政治工作，还应建立以学校党委集中统一领导、相关职能部门负责人和思想政治教育专家为成员的"三全育人"工作评审监督委员会，定期开展"三全育人"联动机制的检查工作，确保高校在形成稳健的"三全育人"运行模式前提下，发挥学校自身独特的思想政治工作体系优势，促进大学生思想政治教育成效的全面提升。评审监督委员会要始终坚持党委统一领导，对于学校育人工作中存在的问题，迅速进行处理，并在分析典型案例过程中，稳步推动"三全育人"工作有效开展，为大学生的能力养成和职业发展提供全方位支持。

3. 实行公正合理的评价激励制度

高校应建立合理有效的评价激励制度，增强相关工作措施的权威性和公信力，进而保证"三全育人"工作的有效开展。要将教职工的职称评定、评奖评优、绩效奖励以及津贴待遇等与评价结果关联在一起，在确保评价结果与教职工自身利益相互匹配的基础上，引导全体教职工重视推动"三全育人"工作的重要性。另外，高校在开展育人工作评价时，应该采用问卷调查、综合测评、走访学生等多样化评价方式有机结合的策略，才能在充分体现教育评价工作权威性与公信力特点的基础上，推动高校"三全育人"工作的全面开展。

人才培养是新时期高校"三全育人"工作的主要目标之一，"三全育人"工作的开展，是从全员、全过程、全方位三个方面充分审视和分析新时期高校育人工作的全貌，并在强调主体协同的全员性、时间贯通的全过程性以及涵盖"十大育人"要素的全方位性的基础上，积极探索和研究高校育人工作改革的思路和方法，进一步提高人才培养质量，进而推动"三全育人"工作机制的长效落实。

第三节 协同育人视域下的思想政治教育

一、高校思想政治教育的协同内容

（一）思想方面的协同

在全媒体融场域下创建思想政治教育协同育人体系，高校应具有全局意识，加强对全媒体运行机制了解，深究思想政治教育活动要求，然后从宏观角度出发开展顶层设计，肯定自我主体地位，兼顾育人体系中的思想理念、评价体系、制度建设，实现体系统一。

首先，肯定全媒体"融思维"重要性，肯定思想政治教育"宏理念"的存在意义，并促进两者融合。近些年来，强势崛起的全媒体为高校思想政治教育早日达成"提质增效"创造了重要契机。此时，高校在构筑思想政治教育协同育人体系时应做到与时俱进，将"三全育人""四全媒体"融为一体，通过知悉大学生思想政治教育所需，知悉新旧媒体的优缺点，以此为据，实现对"纸、网、端、微、屏"的综合应用，本着循序渐进的原则将"融量、融质、融性"工作落实到位，促进"融媒体"积极影响作用的体现。

其次，从动态角度出发对思想政治教育效果进行梳理，在全媒体手段的帮助下，实现对思想政治教育实效的测量和评价。经过了解发现，大学生的思想问题兼具诸多特点，比如反复性、动态性、周期性。众所周知，面对在读大学生，高校肩负着教育和再教育的重任，旨在通过思想政治教育活动的进行，促进大学生综合素质提升。因此，高校在创建和完善思想政治教育评价体系时应注重闭环重塑功能的充分发挥，将全媒体手段视为利器，针对该体系的组成要素做必要统计，并进行数据聚类分析，在优化结论的同时发现新的问题，以新问题为参考，针对大学生启动再教育活动。此外，对思想政治教育效果做动态测评，此举又具有查漏补缺的效果，而且能够促使现有体系升级优化，促进内循环的形成。

最后，在全媒体融场域下，网络行为失范现象时有发生，对于高校思想政治教育而言，网络素养已然成了现阶段不得不关注的重要课题，而且需要将其提升至与网络思想政治教育制度建设同一高度。通常来说，在建设网络思想政治制度时高校应兼顾两方面：一是需要将现有的政治规定、运行机制、执行准则等落实到位，另一方面需要适度加大对网络舆情、媒介应用、舆情教育制度的考量，尽可能为网络思想政治教育活动的有序推进奠定基础。

（二）内容方面的协同

知悉并尊重思想政治教育内容发展规律是创建思想政治教育内容体系的必要前提，同时需要梳理时代发展与社会生活之间的内在联系，才有可能促使教育内容与社会产生互动，让两者处于和谐状态中，且拥有源源不断的成长能力。在新时期全媒体融场域下，高校需要将时代因素融入理论、实践和管控活动中，以此为据丰富高校思想政治教育内容体系，对待传统内容取其精华，去其糟粕，并注重内容延展。可将以下原则视为重点。

首先，强化基本理论内容，结合客观所需促使基本理论内容向着多元化方向发展。从理论角度来看，坚守马克思主义意识形态基本理论内容，有助于高校思想政治教育活动坚持发展方向，且契合时代发展。高校还需要加强对全媒体技术的合理应用，将其作为优化基本理论内容的重要利器。要固守基础，并实现创新。高校作为教育主体在满足内容创新三维度要求的同时，还需要赋予思想政治教育内容更多表现形式，并注重增强其科学性、有效性和人本性。举例说明，在设计和优化教学 PPT 时加强对 HTML 的合理应用，将学校的微信公众号平台作为内容公布的首选，开启问卷调查活动时实现对网络 APP 端的使用，有意识地将 MOOC 融入高校思想政治理论课的实践教学中。此外，在视听新媒体技术的帮助下赋予课程思政更多趣味性，增加其感染力和实效。

其次，在全媒体融场域下，高校应加大对实践内容了解，将其作为理论内容不可或缺的补充，提升各类学习载体的出现概率，以受众需求为据，体现全媒体方式实践效果。举例说明，高校在举办以下活动中需要将思政元素融入其中，一是奖学金评定和发放，二是贫困生的识别和资助，三是诚信活动教育开展，四是班级文明和宿舍文明建设等。同时，思想政治教育实现了对全媒体"号召力"这一功能的应用。比如，基于 XML 技术实现思想政治教育大数据模型的构筑，丰富实践内容呈现方式，给予思想政治教育活动更多针对性、时效性与实效性等特点。

最后，合理管控思想政治教育内容。全媒体融场域下的思想政治教育活动实施效果与外部网络环境之间有着密切关联。高校应具有强烈的危机意识，以事实为据，为网络思想政治教育内容建设和制度建设奠定基础，安排专人负责学校官网建设，注册官方微博及抖音号等，在主流媒体的帮助下，将存在于教育环境中的负能力剔除在外，当全媒体传播如愿在法治轨道上运行时，高校思想政治教育的"纯正度"定会得到改善。

（三）方法方面的协同

2019 年 1 月 25 日，习近平总书记在中共中央政治局就全媒体时代和媒体融合发展举行第十二次集体学习时，提出"四全媒体"概念，迅速在传播领域内成为焦点。"四全媒体"是指全程媒体、全息媒体、全员媒体、全效媒体。[①]

首先，全程媒体与全过程育人。全程媒体是指全媒体充分发挥交互作用的表达方式，它能够有效化解时空带来的束缚，见证大学生成才全过程。此时，高校需要根据各年级学生学习目标与学生个性化所需，将全媒体手段融入课堂教学、实践活动的开展中，继而促进不同教育目标的顺利达成，将思想政治教育的全过程育人呈现到公众面前，并注重改善。

其次，全息媒体与全方位育人。具体来看，全息媒体依赖技术性载体，为信息传递提供更多路径和选择空间，打破一维物流介质传播所具有的局限性。在开启思想政治教育活动时，高校需要从总体角度出发，借助数据分析、观察法等方式对碎片化资源的发展和传播规律等进行梳理，为学生随时接受教育提供更多可能性，促进立体化协同育人优势的显现，最终实现全方位育人这一目的。

再次，全员媒体与全员育人。全员媒体打破了主体尺度的桎梏。结合思想政治教育活动来看，在全媒体使用人员的推动下，思想政治教育原有的"一对多"特点将会逐渐被"多对多"所取代，助力全员育人目的达成。具体来看以上目标实现需要做到两点：一是在学生党员、党支部书记、二级党委、党委等参与主体的努力下促进纵向层状结构思想政治教育队伍的形成；二是在学生、家庭、社会、学校的推动下完成横向网型结构思想政治教育队伍的组建。伴随着两支队伍"意

[①] 推动媒体融合向纵深发展巩固全党全国人民共同思想基础 [N]. 人民日报, 2019-01-26（01）.

见领袖"作用发挥,全员媒体能够实现对全员育人格局多层次多维度的打造。

最后,实现全效媒体与"三全育人"整体效果。在全效媒体的协助下,"三全育人"公共概率能够得到大幅提升。同时,"三全育人"各环节能够实现彼此衔接,为育人成果的顺利转化创造更多有利条件,给予各参与主体更多责任感。

从以上分析中能够得出,高校必须出台各种措施来推进思想政治教育协同育人机制建设。其中,针对内容协同,可以仔细做好以下两点。

(1)政治素养教育协同

思想政治教育开展中,培育学生政治素养是其中主要内容之一,具体内容涉及思想品德教育、思想政治素养教育等。某种层面上,思想政治素养教育其中涵盖党建团建有关内容,学校应该引导学生增强入党积极性,促进多元化党团活动有序开展。从广义层面上看,学生心理教育也属于思想政治模块的内容,辅导员在做好学生思想政治教育工作的基础上,还应该做好与学校心理咨询处专业老师的配合交流。

(2)就业指导协同

高校教育工作开展中,就业指导是其中主要内容之一。首先,高校教育开展应该严格遵循以就业为导向的原则,开展学生就业指导工作应该严格结合不同学生的实际有序进行,健全优化高校就业指导平台。其次,学生入学之初,学校便应该为其开展相应的职业规划指导,引领学生确立发展方向。最后,在职业规划教育上,学校还应该将心理教育机制引入其中。

二、协同育人视域下的思想政治教育现状

(一)协同育人理念缺失

协同育人理念缺失就会导致课堂教学落实不到位。课堂教学是课程思政的主阵地。在课堂教学中,课程思政的思政教学仍存在诸多问题。一是专业课教师只教授专业知识与技能,缺少价值引领,没有融入思政元素。二是虽然在教学中增加了思政内容,但只是强行拼凑的机械叠加,导致专业知识授课时间减少,导致专业教学受影响。在教授知识和技能的同时本应加入思想政治教育内容,但如果牵强附会,无限制占用专业课程时间,把专业课上出了思政的味道,出现思政内容"越位""错位""抢位"现象,那就起不到隐性教育的功能,又削弱了专业教学。三是虽然在专业课堂上加入了思政元素,但没有针对性,没有感染力,只是教师单方向的输出,学生没有反应,育人效果大打折扣。

（二）各类课程没有明确的协同育人目标

协同育人视域下，各类课程都需要协同明确相应的育人目标，然后在该基础上有针对性地开展课程思政建设工作。但实际的高校课程思政建设中，很多教育工作者并没有严格按照《高等学校课程思政建设指导纲要》提出的要求及标准将"立德育人"根本任务贯彻和落实到具体的课程思政建设中，导致各类课程思政建设未能实现"立德树人"任务，也没有实现知识传授、能力培养和价值塑造的结合，课程教育目标、育人目标也没有得到统一，影响大学生综合素质提升及全面发展。

（三）协同育人认识存在误区

随着时代的发展，现代教育工作将更多的关注点放在调整教育理念上。从最近几年的发展来看，在明确了"立德树人"目标之后，教育部门开始对其重要性有所认识，不过同样需要注意的是，现实教育工作中依然存在很多有关协同育人的误区，需要及时加以更正。

1. 认为育人是"一家之事"

协同育人工作非常庞杂，其中涉及很多需要整合与配置的资源与力量。虽然在这个过程中，高校的主导作用不容忽视，不过仅仅依靠高校也是无法完成的，同时需要重视家庭和社会在其中的作用。以此类推，大学生思想政治教育的具体执行者主要是思政课教师和辅导员，但是高校的其他部门和岗位也一样要承担育人责任。现阶段，来自理念方面的认知误区主要涉及三个方面。

第一，认为学校需要承担教育育人的全部责任。因为协同育人的实施场所是在大学之中，而教师需要为学生传道解惑，所以不管是家长还是学生都想当然地认为，高校就是这项工作的唯一责任主体，家长只要把学生交给学校就行了。来自学生处的一位教师提道："如果学生存在某些心理问题，其实和他们的原生家庭脱不了关系。如果家庭出现变故，那么孩子的言行必然会受到影响，可是遗憾的是，大部分家长意识不到这个问题。当孩子进入大学之后，他们就自然而然地认为今后教育孩子就是学校的责任，自己只要负责给学费和生活费就可以了。如果孩子出现问题，他们就会向学校问责。"

第二，开展协同教育主要由思想政治工作部门来负主要责任。有位曾经担任过辅导员的老师提道："我现在就职于技术岗位，主要是检测学校各个实验室的样本，所以基本上不和学生打交道，也很少参与到协同育人工作当中。其实高校的后勤部门和行政岗基本也比较漠视这项工作。不过我知道，立德树人是一个全校都要广泛参与的工作，不能仅仅依靠思政课老师或是辅导员。"不管是哪个岗位，育人工作都不能放松，只有各方面教育力量携起手来，才能在学校内打造全方位的育人格局。

第三，开展思政工作的主体集中在思政课教师和辅导员身上。现阶段的高校中，全员育人已经成为普遍的认知，虽然如此，有些老师还是认为这件事和自己关系不大。他们认为自己在协同育人中可以说是可有可无，只要思政课老师和辅导员做好工作就可以了。有位学生说："有关我们思想方面的问题，只有思政课老师和辅导员会进行教育，另外导师也会过问一二。"需要认识到的是，大学生思想政治教育工作是一个综合性工作，需要全部的教育力量都参与进来，只有教师提升认知，改变以往的教育理念，才能在学校内部打造良好的教育格局，家庭和社会的教育作用也才能顺利发挥出来。总体而言，需要实现家庭和学校的有机融合，积极配置教育资源，实现思想政治教育队伍和其他教育力量的通力合作，对校园实行全面覆盖，才能有效克服思想政治教育工作的局限性，达到理想的教育效果。

2. 将协同等同于工作"做加法"

有关思想政治教育的协同育人，其实和专业教育之间有着本质的区别，如果能够将主渠道和主阵地累加起来，那么两者所发挥的能量要比单一渠道大很多。这里提到的"累加"更多的是一种创新与发展，属于理念上的革新与升华。现阶段，有些高校为了提升工作业绩，把协同育人当成一个什么都能装进去的"筐"，工作方法一大堆，但是整个协同育人工作却搞得似是而非。学校这种做法没有抓住协同育人的本质，只是将更多的精力消耗在细枝末节上。虽然提升了协同成本，但是工作效率却极为低下，形式大于内容。在这次访谈中有一个问题："您认为哪些因素会对协同育人工作产生主要影响？"在回答这个问题时，有些辅导员也将心中的疑惑表达出来："作为辅导员，我们负责的行政性事务非常多，比如处理党团关系、搞文体活动、提供就业辅导等，这些工作其实也涉及协同的部分内容，假如协同的存在不能减轻我们的负担，而是增加了我们的工作量，那我们怎么会支持呢？"所以我们需要了解到，协同固然需要将很多工作叠加在一起，不过实现主渠道和主阵地的融合和统一则不是做加法那么简单，这是一个互为补充、相互支持、资源优化配置的过程。

当前新的历史时期，协同育人要以科学理念为指引，切实做到全方位覆盖，帮助学生提升综合素质，既提升学生的专业能力，又能更好地兼顾他们的实际诉求。实现主渠道和主阵地的相互融合，体现的是理论联系实践的教学原理，也能够借此有效提升教学质量。学校应以创新的方法和理念积极解决协同育人过程中存在的各种问题。首先，高校应该做加法的时候做加法，该做减法的时候做减法；消除合作瓶颈，提升合作效率；减少不必要的内耗，增加优势互补；减少教学的单一性和形式化，增强教师的育人责任。其次，高校要实现"加法"到"乘法"的转变。把主渠道和主阵地联系在一起，是强势互补的重要形式，可以达到共赢的效果，具体到大学教育中，可以让教育的目的性更强，能够将各种教育资源都集中起来，充分发挥出教育资源的优势与合力，这样协同育人就能够呈现出比"加法"更加明显的"乘法"效果。

3. 把协同育人当作免责的"安全区"

有些高校教师在对待思想政治教育工作时认识不清，甚至走入误区。在他们看来，这项工作并没有严格的制度进行束缚，自己将规定好的任务完成就行。至于在履行协同育人义务的问题上，这既不是自己的职责，也不属于自己的业绩范围，所以做不做都无所谓。其实在很多高校中，教师对育人工作比较轻视，而是将更多的精力放在教书上，这种"懒政"现象在大学中并不少见。对很多教师来说，他们认为思想政治教育工作本来就是思政课老师的工作职责，其他老师和这件事并没有关系。

学科教学在育人方面也是非常重要的渠道，学科考试并不能只关注教书，而忽视了育人工作。有位专业的思政课老教师在接受采访时说过："虽然学校现在对课程思政比较重视，不过有些专业课老师其实并不以为然，他们觉得思政教育并不是他们的教学任务，又挤占了原本就不充裕的专业课时间，学生的压力也会因此而增大，对完成教学任务来说是一种时间上的浪费。"之所以会出现这种认知，主要是因为这些老师没有从根本上认识到课程思政的重要性，也没有理解协同育人的深刻内涵。在日常生活中，教师会认为"问题学生"是辅导员需要来面对和负责的，所以他们对学生产生的不良情绪和不当举动置之不理，就算有时候学生主动找到老师，老师也是将其推给辅导员。一位负责学生工作的副书记在访谈中提道："如果在考试中出现了作弊的学生，那么后续的工作就由辅导员来完成，任课老师通常都不会参与处理过程，顶多是将当时的情况反映一下。"

育人是一项综合性工作，不仅是辅导员，每个任课老师都负有不可推卸的责任。如果任课老师弱化了自身的责任，那么思想政治教育协同育人工作的推进就会更加困难，育人效果也难以保证。正是因为育人责任不够明确，所以学生出现问题也得不到妥善的处理，可能原本很简单的问题会演变得极为复杂，最终受伤的就是学生。我们都承认，教书不易，育人更难。不过教师在做好教书工作之余，还是应该在育人工作中发挥自己的作用。只有每个老师都认识到这份责任，实现教书与育人的相互融合，学校的协同育人政策才能落到实处，立德树人的目标才能顺利达成。

（四）顶层设计层面整体性构思不足

所谓顶层设计通常情况下都是立足全局，对工程中所涉及的各个环节以及多重元素进行通盘考虑，最终高屋建瓴地制定出行之有效的解决方案，这也能为后续开展思想政治教育协同育人工作打下牢固的基础。"'十大育人'体系涵盖了高校课内与课外、教学与科研、理论与实践、管理与服务、线上与线下等，涉及学生成长与生活的方方面面"，[①] 高校需要从学生的实际情况出发，重视顶层设计工作，以推动学生全面发展为宗旨和目标，在全校范围内打造完善的思想政治教育机制，在真正意义上让思想政治教育的作用发挥出来，让其产生实效。

从实际情况来看，我国高校的育人主体其思想意识水平并不高，不能满足当下教育工作的实际需要。比如，学工部、宣传部和马克思主义学院属于平级，各有自己的工作职责，不存在谁领导谁的问题，所以在开展活动时，相互之间不能密切配合，顶层设计不够健全，整体思维也比较缺乏。如果在分析的过程中引入系统产生协同效益的理论就可以发现，增加教育主体之间的互动性和配合性，推进思想政治教育工作也就会更加顺利。不过因为存在边界约束，所以不管是系统内部还是外部各个要素之间都会存在相互的关系，也会因此而产生不同的影响。

现阶段，我国高校大学生可以通过多种渠道接受思想政治教育，正是因为接受方式多样化，他们的思维选择也比之前有着千差万别。这就更要求加强教育主体之间的协同性，加强各部门之间的配合，形成教育合力，才能更好地教书育人。不过，我国高校在开展思想政治教育方面主要从两个方面着手，一是以思政课为主的课堂教学，二是日常课外辅导，两者之间缺乏紧密的联系与配合。思政课老师多是按照传统方式进行备课与考试，他们只是按部就班地做好自己的工作，并没有想过需要和辅导员相互配合。然而，很多高校辅导员的事务性工作也是非常杂的，再加上他们在教学方面没有专业基础，所以进行日常辅导的动力和意愿都不强。

在高校教育体系中，部分高校并没有针对协同育人机制进行宏观性设计。高校领导应该积极转变思维，认真思考如何实现协同育人和思想政治教育工作的有

[①] 张正光. 构建高校思想政治工作"十大"育人体系的有效路径[J]. 高校辅导员学刊，2018，10（04）：1-4+9.

机结合，让各方面的资源可以实现优化配置，实现要素之间的协同配合，真正意义上实现时时、处处、人人育人，稳步提升思想政治教育质量。在各大高校中，每个部门在思想政治教育工作中都有自己的职责和任务，所以大家都把更多的精力放在自己的工作当中，很难实现部门和岗位之间的相互配合，也不能形成相互融合的统一整体。

（五）高校课程思政协同体系构建存在障碍

目前高校教育领域对高校课程思政协同育人体系的概念以及其目标已经有了明确的认知，多所高校已经对课程思政协同育人体系展开了进一步的探索以及实践，但是在实际的高校课程思政实践工作展开过程中，仍旧存在一些问题。

1. 教师自身理想信念方面

大部分担任高校课程思政协同育人教学工作的教师自身对课程思政理念的信念不足，对课程教学方式认知也存在误区，在教学工作展开的过程中，教师的教学方式存在误区，学生接受教育过程中所遇到的问题并不能够得到有效解答。信息化背景下，学生思维观念容易受到外界信息的影响，出现不良思想，而高校思政课堂教师所采取的教学方式无法让学生产生思政学习的兴趣，思政课堂自然无法产生其应有的教学效果。

2. 教学改革方面

课程思政协同育人体系的教学改革力度不足，在课程思政协同育人体系展开过程中，教师对教学方式的创新力度不足，只是通过单一的教学方案提升思政课堂的教学质量，并未将更多的实践内容融入课程思政教学工作中，课程思政教学方式仍旧处于单一、形式化、理论与社会实践联系不足的状态，思政课程无法产生应有效用。

3. 思政课程与其他课程的协同方面

思政课程与其他课程存在脱节，早期高校思政教育较为重视内部工作的细化性，在教学工作展开过程中，针对不同的教学内容制定详细的教学目标，但是教学工作过于细化也会导致不同教师之间缺乏联系，部门与部门之间并未形成有效沟通，高校教师管理机制对教师所产生的约束性也不足，思政课程与其他课程并未产生联系，在实际的思政课程教育工作中也存在教学目标无法实现、教学过程较为随意等问题。

三、协同育人视域下思想政治教育路径探索

（一）构建大学生党建与思想政治教育协同育人机制

1. 以学生的思想动态为重要条件

高校要对学生的思想发展动态情况进行及时把握，可以多多关注学生的微博、QQ 动态等，对其中的各种思想问题进行收集、梳理和分析，及时掌握学生的情感波动和思想变化情况。在这项工作完成之后，需要对比学生党员的各项数据，对学生思想波动的深层次原因进行研究，最终制定出有针对性的教育方案，为心理波动较大的学生开展思想教育与辅导，争取防患于未然，提前将问题消灭在初始阶段。

2. 以党的政策方针为重要指导

若想实现学生党建工作、学生思政教育工作协同育人的目的，高校应当深入贯彻执行党的教育教学方针，深入贯彻落实科学发展观，将党建与思政工作进行深度融合，确保两者相互促进、相互推动，进而提升大学生群体的综合素养。与此同时，学校还应当扭转传统思维观念，对传统思维模式进行改进，提高工作模式的科学性以及合理性，实施线性思维模式。线性思维主要是指将认知停滞于对物质的抽象，并不是对本质的抽象，并将该抽象作为着眼点的一种思维方式。由于其属于单向的、直线的、缺乏变化的思维方式，所以该思维方式无法对一些复杂现象蕴含的规律、本质等进行深入剖析。党政工作者、教育工作者在对一些问题进行分析的过程之中，应当从不同方向、不同途径对各类问题的解决方式进行剖析，与思政教育工作状况进行融合，积极探寻多元化的协同育人方式，开创思想认知的新局面。在开展具体工作的过程之中，要彰显改革创新新思想，对党建工作技巧、工作方式等进行优化，进而实现提高协同育人质量的目的。学生党建工作不但是党组织开展工作过程中的重要堡垒，也是确保思政工作实现长久发展的生命线，在推动思政工作的过程之中，要将两项工作进行融合，为国家、社会培养更多的优秀性人才，为党的发展注入新的活力。

（二）构建高校辅导员与专业课教师协同育人机制

1. 辅导员与专业课教师树立育人理念

学校要在整个教学过程中融入思政教育理念，在全校范围内进行最广泛的宣传，让广大师生对此达成共识，不过要真的在实践中实现这一目标，其实还是任重而道远。很多老师长期以来已经习惯了自身的岗位角色，他们理解不了课程思

政和自己有什么关系，在立德育人方面也是知之甚少，所以需要对教师的认知水平进行有效提升。高校要做好宏观统筹，坚持从实际出发，将协同育人的观念普及给广大教师。充分利用各种情景开展思政教育，让教师真正意义上认识到"守渠种田"的重要性，明确自身责任，改变以往"条块分割"的思想意识，坚持做到协同配合。对于广大教职员工来说，立德树人是他们应该共同直面的现实任务，也是他们的历史使命，所以开展多部门的协同联动就非常有必要。高校思政教育的开展需要辅导员和专业课老师的通力合作，这是新时代教书育人的必然选择，也是高校育人体系中不可或缺的一个部分。

2. 健全当前协同育人的制度设计

只有高校打造健全的制度体系，才能很好地将辅导员和专业课教师联系起来，打造优质的协同育人格局。第一，需要在学校内部制定宏观战略和发展策略，在高校内部管理体系中增加课程思政的内容和目标，特别是学工部和教学管理两个部分，需要设定共同的发展目标，齐头并进，协同发展。第二，在考核方面要突出育人实效这个重点，保证评估机制的合理性，建立明确的奖惩机制。要将学生工作和教学工作两个部分有机联系起来，打造完善的制度体系，解决不同序列考核指标不一致的情况，将各级教师的工作积极性充分调动起来。第三，要对教学管理制度进行细化与明确，对教师的课程思政职责进行明确，打造系统的研讨机制，在工作过程中多多沟通与交流，年终做好总结与展望工作，尽可能地保证资源优化配置，消除信息不对称的情况，将合理育人的理念在真正意义上落到实处。

（三）开展高校思想政治教育与创新创业教育协同育人

1. 教育融合层面秉持"协同共生"的育人理念

在高校教育改革的新形势下，高校思想政治教育与创新创业教育作为高校教育的核心内容，需要因时而变、因事而化、因势而新，这就要求各高校在思政教育融合格局小的困境下必须秉持"协同共生"的育人理念组织开展各项创新创业教育活动，确保育人成效和大学生综合素质符合社会发展的要求。首先，创新创业教育与思想政治教育在育人上既有耦合性也有差异性，一个是实践性强，而另一个是理论性强。因此，高校应从"协同共生"的育人理念出发，将思想政治教育的价值引领作用寓于创新创业教育的实践中，不断延伸全过程与全方位育人的渗透面和服务面，将两者"协同共生"以发挥更大育人作用。其次，在创新创业教育中要充分发挥好思想政治在价值引领中的核心地位，更有底气和自信地讲好中国故事，激发学生将个人梦想与中国梦相结合，勇做新时代的弄潮儿。

2. 教学方法层面搭建"协同共建"的育人平台

思想政治教育协同创新创业教育发展，在教学方法层面首先应以"立德树人、德育为先"为先导，搭建"协同共建"的育人平台，这就要求思想政治教育与创新创业教育在教学内容的创新度上需多下功夫，在教学方法上进行改造和升华，不断凝练成当代大学生喜闻乐见的教学模式，与大学生的专业技能、道德素养同向同行发展。首先，创新创业课教师在授课时要注重并做好对思想政治教育环节的引领，结合授课班级学生的专业就业前景来创新教学内容与教学结构，以此加强思想政治教育理论传播的针对性，实现"协同共建"的"一体化"培养平台，提高教学实效性。其次，显性教育与隐性教育是两种常见的德育教学方法，两者既相互对立又相互统一，对高校的教育发展有重要作用。创新创业教育发展要建立好创新创业课堂显性教育与思想政治课堂隐性教育的"协同共建"育人平台，坚持把立德树人的教育宗旨融入教书育人全过程，将理论资源、学科资源转化为育人的实践资源，实现思想引领和技能培养的有机统一，使两种教育在育人平台中互为补充、相得益彰。

3. 保障机制层面创设"协同共营"的育人氛围

在高校思想政治教育协同创新创业教育发展的改革道路上，高校要基于协同育人理念在各个层面和各个时期都要认真把二者融为有机整体，贯穿于学生的成长成才阶段，营造"大众创新、万众创业"的"协同共营"的育人氛围。健全保障机制，要本着"协同、融合、共赢"的理念，以更健全的保障机制提高师生参与的积极性。一方面，要结合新时期下的创新创业教育改革要求，切实保障好师生的切身利益，不断完善教师绩效与课程考核等条例，在教师的考核方面要加大创新创业教育工作的参考比重。此外，思政课教师与创新创业课教师要本着"协同共营、协同育人"的初心共同制订创新创业的人才培养计划，统筹规划好实践教学和学生的创新创业活动，为思想政治教育协同创新创业教育发展提供源源不断的支撑力。另一方面，高校要在思想政治教育的价值引领中营造良好的创新创业氛围。充分利用校园宣传平台加强对创业精神、优秀创业作品、创业事迹、先进创业典型等进行广泛宣传，让榜样的力量形成更强的号召力。通过开展创新创业系列学生活动与创业分享会等，让更多学生真正参与并乐享其中。完善对学生的弹性考核方法，将学生创新创业教育的实践过程和劳动成果作为思想政治教育课考核的重要参考指标，以此激发学生的创新创业热情，对学生的"知与行"产生有利影响，从而提升育人成效，创设"协同共营"的育人氛围。

第四节　新媒体视域下的思想政治教育

一、新媒体的种类

（一）以计算机为终端的新媒体

网络媒体成为集图片、文字、声音、画像为一体的结合体，具有信息量大、传播速度快、互动性强的特点，产生了门户网站、博客、微博等主流网络媒体。门户网站是最有代表性的网络媒体，它最初提供网站分类目录、搜索引擎服务和网络接入服务。随后，市场竞争催生出门户网站包罗万象的服务，真正成为网络空间的"超级市场"。在我国，主要的门户网站新浪、网易、搜狐在 1998 年相继问世。今天除了这三大门户网站外，还出现了携程旅行网、搜房网等具有特定服务的门户网站。以计算机为终端的新媒体是最早出现的新媒体，也是普及最广、被其他新媒体类型参照的"进化模型"。

（二）以手机为终端的新媒体

手机的最初问世是解决人们在移动过程中的沟通便捷问题，最初只有通话和发短信的功能，随着信息技术的飞速发展，手机成为"麻雀虽小、五脏俱全"的"万能宝"。上网、交易、查询、娱乐等功能相继被开发出来，现在只要一部手机就可以走遍世界。现在人们的生活越来越离不开手机，手机正在"统治"着人们的生活。

（三）以数字电视机为终端的新媒体

无线数字电视、车载电视、楼宇电视等通过通信技术发展出新的传播形态。网络电视、移动电视等电视新媒体为用户带来全新的视听体验，直播、点播、娱乐等功能为人们的生活增添了新的乐趣。

二、新媒体作用

（一）新媒体拓展了高校思想政治教育的载体

传统的思想政治教育载体体积大、难移动，使用时间有限，利用新媒体技术进行思想政治教育可以弥补传统思想政治教育载体的不足，打破了时间、空间的限制，实现全天候、全方位的思想政治教育。新媒体作为高校思想政治教育的载体，可以很好地抓住学生的注意力。新媒体的出现可以将原本显得枯燥乏味的思想政治教育内容融入生活实际，通过对日常生活的选材赋予思想政治教育意义并制成视频，贴近学生生活，贴近学生实际，有感情、有温度才能抓住学生。疫情防控期间，学生不能到达学校上课，部分学校开展网上"云升旗"方式，教育学生学习的仪式感不能丢。这些都是运用新媒体拓宽高校思想政治教育载体，固定教育内容，但是呈现在学生面前的形式不一样，大大增强了思想政治教育的新颖性与吸引力。

（二）新媒体提供了学生的话语表达舞台

"社会参与论"强调了受众不仅是信息传播的受众，也是信息的传播者，他们有权表达自己的看法和见解。他们可以发表微博动态、可以发帖评论，可以转载自己感兴趣的内容，总之，学生拥有自主说话的权利。人们在主动实践中所产生的观点比他们被动地接受容易得多，而且不容易改变。在思想政治教育中，要让学生积极参与表达自己对于国家政策理论的看法见解，从而增强他们对于中国特色社会主义的热爱，增强"四个自信"，增强对伟大祖国所取得的辉煌成就的自豪，实现对学生理想信念教育、爱国主义教育以及道德教育，学生自己的亲身实践所形成的情感总比教师机械灌输要体会得更深。以往的教育老师是传输者，学生只是听讲者，而且很多学校由于师资有限，课堂都是大班制，几百人挤在一间教室上一堂课，学生很少有发表自己见解的机会。新媒体的出现让每个学生都有了表达想法的地方，随时随地可以边听课边通过发弹幕或者发表评论等方式来表达自己的见解与看法，学生对思想政治教育内容是主动接受并在脑海中及时进行思维的加工与理解，输出自己的观点。

三、新媒体的特征

新媒体的特征主要是集中于两个方面：一方面以网络、数字技术、移动通信为基础的技术特征；另一方面则是具有信息交流的传播特征。

从技术方面来讲，新媒体特征具有数字技术的特点：传输能力强，传输精度高，信息便于存储。数字技术是信息处理的一场革命。随着计算机和传输控制协议/网际协议的先后产生，标志着一个全新的信息技术领域的出现。它是将现实世界的模拟信息通过数模转换为"0"和"1"两个数字，通过运用这两个数字的组合将图片、文字、声音、视频进行编码、压缩、传输和存储等信息处理，并在用户需要的时候通过数模呈现出来，使信息高度保真，长久存储，极大地提高了信息的承载能力和传播速度。许多复杂、不易保存的信息都可以转变为二进制来表达和存储，通过互联网进行传输，使信息脱离特定的实体而存在。数字技术的这些特点，使新媒体在信息传播过程和交流过程具备了新的特性。因此有学者直接从技术特征定义新媒体概念，"融合了数字通信技术与计算机网络技术……是新媒体信息传输和互动社交的基础"。由此看来，数字技术是信息社会的核心技术，数字化是新媒体的本质属性。现今5G技术的应用进一步体现了移动通信技术的飞速发展，短短几十年移动通信技术改变了视频、图像质量的清晰度、信息的数据化，能够提供网络智能化服务，不断通过技术革新满足社会需求。

新媒体从传播特征来讲主要有空间虚拟性和隐蔽性、海量性和开放性、即时性和交互性等特征。

（一）虚拟性和隐蔽性

新媒体虚拟性是通过网络技术构建具有非物理性的环境，从而进行信息交换、传输。虚拟性主要表现在新媒体创造了虚实二重性的新空间，其环境下的信息是以声音、图形、文字、视频等形式存在于网络空间，人们可以不受空间和时间的限制通过虚拟的空间完成信息的交互。目前，思想政治教育虚拟仿真实践平台正是利用新媒体技术打破了传统的思想政治教育模式，让大学生通过体验式的学习，身临其境地感受红色文化。另一方面，由于新媒体空间的虚拟性，传播者身份和传播内容实质具有隐蔽性。信息传播的主客体处于匿名状态，信息的真伪、主客体的身份都难以确定，模糊了物理空间与虚拟空间界限。人们在虚拟空间中思想表达更自由，可以对网络信息进行各种评论，理论上真正实现了人人都有话语权。这一特征为大学生思想政治教育实效性的评价工作提供了依据。

（二）海量性和开放性

与传统媒体不同的是新媒体时代信息没有版面、播出时间段和制作人等因素等限制，其容量和数据处理速度随着互联网技术的发展而得到极大扩充和提高，人们足不出户就可以通过计算机、手机等其他终端与互联网连接，获得海量信息。开放性主要体现信息的自由传播性。新媒体时代，政治、经济、文化等方方面面都可以跨越空间的障碍，使各类意识形态文化自由传播。另一方面用户可以通过第三方交互平台获取自己所需信息，包括不限于下载、存储、复制以及裁剪，并可以自由地调用和发送。

（三）即时性和交互性

即时性主要体现通过网络平台，各种信息能够得到快速传输，甚至无时差。目前，各种培训会议和新闻都已经运用了新媒体中的直播功能，进行在线培训和学习等活动，这是即时性特征的最好应用。在新媒体中，一个主体可作为三个角色这一特性集中体现了交互性，即人们可以具有多重身份，既是信息的发布者、接受者同时又可以成为传播者，通过互联网平台进行买卖行为、虚拟社交互动等行为。

（四）平等性和多样性

在新媒体重构的网络环境下，网络信息去中心化，用户自由表达自己的思想，无所畏惧，实现平等的双向交流。在线上教育过程中，平等性赋予了学生更多与教师交流的机会。新媒体的多样性主要体现可以将声音、图片、文字、视频自由组合各种形式，满足不同用户个性化需求，使得信息更加立体化，为思想政治教育工作提供更多丰富多彩的方式。

加拿大媒介理论专家马歇尔·麦克卢汉（Marshall McLuhan）认为：任何媒介的"内容"都是一种媒介。① 技术变革是新媒体发展的基础，新媒体的种类形态在一定程度上体现了数字技术的发展。新媒体的形态、介质、传播等方面都随着技术的发展而变化，信息速度、资源都极大地满足了人们的生活学习的需要。随着新媒体平台功能的多样化，各种各样形态的新媒体进入日常生活之中。随着大学生使用新媒体时间的增加，其本身的技术功能、信息内容、价值观念都在影响着大学生的思想和行为。

四、新媒体视域下思想政治教育面临的挑战

（一）教育者的自身素质、教育地位与教育模式受到挑战

在以往的教育过程中，教育者只需要知晓有关本专业的理论知识，就可以在课堂上将其传授给学生，完成教学活动。随着信息技术的发展，知识更新呈现指数型增加，"知识爆炸"让人应接不暇，稍一懈怠，就会错过学习成长的时间。新媒体技术的广泛使用让学生接触到大量课本以外的知识，如果教育者只守着自己的"一方天地"，而不接触新的知识和领域，其学识就难以满足学生的要求，无法给予学生更丰富的知识，因此，这就要求教育者要树立不断学习的意识，通

---

① 马歇尔·麦克卢汉. 理解媒介：论人的延伸[M]. 何道宽，译. 北京：商务印书馆，2000.

天文,知地理,不仅专业素养要过硬,还要知道专业以外的知识,加强自身素质。新媒体拓宽了学生获得信息的渠道,削弱了传统的接收信息方式,而部分老师信息素养有待提高,观念尚未及时转变,因此与学生之间缺乏有效的沟通,降低了教育者的主导地位。新媒体的出现让老师和学生可以平等交流,但是由于隔着屏幕,教育者无法观察到学生的表情、动作以及活动状态,为有针对性地开展思想政治教育工作带来阻碍。

（二）受教育者的思维模式、价值观念与心理受到挑战

互联网将世界连成一个整体,我们每个人都生活在这个地球村,世界各国的人们联系越来越紧密。经济全球化的发展以及发达国家文化霸权主义导致西方意识形态、价值观念出现在网络世界。而学生作为互联网使用主要群体之一,会受到外国不良信息的冲击。在价值文化多元的今天,有很多不良思想和价值观正在潜移默化地影响着学生的思想,这为我们工作带来了困难,难以有效实现目标。另外,处于这一阶段的学生欠缺是非辨别能力,很容易被低俗、腐败的内容影响,而且这一时期学生较易出现迷茫、消极、浮躁、叛逆等消极情绪,尤其现在大部分是"00后"学生,从小养尊处优,以"自我"为中心,心理脆弱,这对我们的工作带来考验,如果不及时进行教育,会对学生以后的发展甚至社会稳定造成不良后果。

五、新媒体视域下提升高校思想政治教育的路径

（一）提升高校思想政治教育的教育者素质

1. 政治素质

新媒体世界充斥着各色各样的信息,其中不乏存在与主流价值观不符、低俗愚昧的信息,这时就需要教育者有坚定的马克思主义信仰、过硬的政治方向、政治原则、政治素养。高校教育者在新媒体上传播正确的马克思主义观,坚定不移地跟党走中国特色社会主义道路,发挥教育者在思想政治教育中的主导作用,以自身过硬的政治素质引导正确舆论方向,要有崇高的共产主义理想,做党的政策在新媒体领域的传播者,维护者。

2. 理论素质

一方面,教育者要扎实掌握马克思主义基本知识和党的路线、方针、政策和有关新媒体知识,及时用马克思主义的立场、观点和方法抨击新媒体中的错误观

点,避免学生受错误观念的影响,走上弯路。另一方面,教育者还应掌握关于教育活动组织、实施的理论知识以及学生在网络世界中的特点。在网络世界中,学生更容易表露心声,展现自己,这对思想政治教育者来说,可以更好地了解学生状态,展开针对性的教育。

3. 工作能力素质

对思想政治工作人员来说,需要采用适当有效的工作方法进行语言表达、分析研究、组织管理。高校教育者在新媒体环境中注意观察分析学生言论、偏好,在网络中将学生组织起来引导学生群体的言论表达方向。列宁认为,自发的工人运动不可能形成社会主义,必须有理论基础和先进理念的革命团体将无产阶级的政治主张和政治理念宣传进工人阶级中去,直接暴露在工人阶级当中。学生不可能自发产生共产主义信仰,不可能自己创作中国特色社会主义理论,只能通过教育者对其宣传马克思主义理论和党的方针、政策、主张。

(二)提高高校思想政治教育的学生使用媒介素养

1. 增强学生的媒介素养与媒介利用能力

思想政治教育工作取得实效性,不仅需要教育者的综合素质以及教育者与受教育者有效的教学活动,同时还需要受教育者自身拥有良好的知识准备与相应知识素养。思想政治教育活动的有效进行,条件之一是受教育者具有相应的知识准备与接受力,"良好的知识准备"就包括受教育者对于新媒体知识的了解,熟悉新媒体环境的特点;"接受力"就是受教育者掌握甄别新媒体信息的能力,以及会恰当运用新媒体工具。

2. 尊重学生参与思想政治教育的话语权

教育对象有效参与思想政治活动的另一个必备条件其有明确的接收主体意识与接受意愿,为了激发受教育者的积极性,必须尊重受教育者的主体性,尊重其参与思想政治教育的话语权,给学生表达的权利。社会参与理论认为,大众媒介为受众提供说话的平台,是为了让他们更好地接受观点。第一,改变陈旧的教学模式。改变以往老师只顾自己讲,不善于调动学生参与教学过程的模式,将发言权留给学生,让学生成为课堂的主人。第二,利用新媒体平台,让学生大胆吐露心声。注意搜集学生集中表达的诉求,提高工作的针对性。第三,老师经常在班级群设置议题,以"提出问题—分析问题—解决问题"为方向,让学生畅所欲言,各抒己见。

（三）构建新型管理监督机制

大学生思想政治教育工作一直在新媒体技术的不断发展中开拓创新。新媒体技术显著提升了信息的传播速度，但同时不符合规范的内容也充斥其中。由于网络的虚拟特点，构建这种网络的所有参与者都可通过新媒体技术发表自己的观点，其带来的问题包括：在缺乏有效监管情况下，各种群体都可以根据自己的喜好表达情绪，难以保证大学生接受积极的教育以及形成正确的价值观。

特别是在高校思想政治教育管理中，由于网络发展的快速性和实时性，以及对象群体的多样性和复杂性，高校利用新媒体开展思想政治教育必然面临许多问题。通过对制度和管理机制的分析，提出问题并解决问题，是破解高校思想政治教育管理工作的有效方法。由于高校学生群体的网络教育明显薄弱，学生的网络安全意识和责任意识比较淡薄，使得通过新媒体开展思想政治教育存在难以监管的问题。因此，加强新媒体时代思想政治教育的监管机制显得尤为重要。为提高新媒体传播思想政治教育的有效性，需要增加相关新媒体内容的监督机构，同时结合互联网的特点制定与思想政治教育传播的法律法规。通过规则来约束新媒体内容发布者和传播者的相关行为，确保新媒体时代思想政治教育能够引导大学生形成正确政治观、价值观。

（四）优化高校思想政治教育的教育内容

1.增强高校思想政治教育内容的吸引力

思想政治教育的内容体系包括政治教育、思想教育、道德教育、心理教育，其中政治教育处于主导地位，决定和支配其他思想政治教育内容。

政治教育，就要坚持以理想信念为核心，树立学生强大的中国特色社会主义理想，树立共产主义信仰，用马克思主义的立场、观点和方法分析问题、解决问题，拥护社会主义、拥护中国共产党的领导。思想政治教育要遵循因事而化、因时而进、因势而新，用好身边"活教材"，加强对学生的理想信念教育，高校学生亲身经历其中，更容易对宣传内容感同身受、内化于心，从而达到事半功倍的效果。

2.增强高校思想政治教育内容的时代性

新时代我们所要给受教育者传达的内容是要符合我们国家的发展方向，符合中华民族伟大复兴伟业的实现。而个体差异论认为，个体的差异主要体现在心理结构的不同，每个人的认知过程、情感过程和意志过程的独特性以及个人进行社会化过程中所存在的社会环境造就了个体在观点、立场、态度和行为上的不同。

我们面对的是追求个性和自我主张，同时又追求实现自我利益与价值的学生，而我们的培养目标却是要把这些不同的个体培养成拥有共同目标、共同信念、共同追求的强大群体，这无疑对我们来说难度很大。拥有共同的奋斗目标、同时要尊重个体差异，发挥其主动创造性为共同目标的实现增添推动力，利用新媒体技术，将我们的思想政治教育内容讲成这个时代的话语，用这个时代的语言去感染他们，去说服他们。

第五章　新时代高校思政育人体系的构建

本章为新时代高校思政育人体系的构建，主要介绍了四个方面的内容，依次是高校思政育人体系概述、高校思政育人体系建设的时代特征与价值、新时代高校思政育人体系构建面临的困境、新时代高校思政育人体系构建策略。

第一节　高校思政育人体系概述

一、高校思政育人体系的概念

2017 年教育部发布《高校思想政治工作质量提升工程实施纲要》，明确指出高校思想政治工作的基本任务，也就是充分发挥课程、科研、文化、管理、服务、实践、网络、心理、资助、组织十方面工作的育人功能，又称"十大育人"体系。本书研究界定"思政育人"，是指学校利用思想政治教育渠道，通过包含课程育人、网络育人、心理育人等十大方面的综合性育人体系，对高校学生进行全员参与、全方位融入、全过程贯穿的综合性教育的实施过程。

二、高校思政育人体系的内涵

厘清思想政治教育的内涵意蕴，是探究高校思想政治育人体系整体构建的基本前提。近年来，高校思想政治育人体系作为一种新的理论名词和研究趋势在思想政治教育领域方兴未艾，也在高校思想政治工作中拥有越来越高的呼声。一方面，高校思想政治育人体系成为高校思想政治教育追求的目标之一，为高校思想政治工作改革、发展与创新提供了一个全新的视角。另一方面，高校思想政治教育育人体系意味着思想政治工作的协同创新，致力于将思想政治教育贯穿高校育人的全过程和各环节，这与思政育人的价值诉求不谋而合。而思政育人体系作为高校育人工程的一部分，需要以正确的方向作为引领。为此，高校思政育人体系的整体构建必然要对该育人体系的内涵的多维要素进行审视，也就是首先要对高校思想政治教育育人体系这一概念来进行充分的解读。

（一）以正确的方法论为指导

高校思想政治育人体系建设以全员育人、全过程育人、全方位育人作为方法论。从方法论的视角中进行解读，高校思想政治教育育人体系建设也可被视为一种工作格局。所谓的高校思想政治教育育人体系工作格局，是所有对思想政治教育产生影响的因素通过一定的活动或机制联系起来从而形成的一种合力体系的描述。简言之，就是整合社会和高校中一切可能的力量来推进高校学生思想政治工作，使高校思想政治工作的机制、体制和运行形态转化为一体化的育人格局。高校思想政治教育育人体系工作格局强调一个"大"字，实质上也是对高校思想政治工作整体、系统、协同的实践概括，具体表现为人员之"广"、场域之"大"、过程之"久"。

人员之"广"就是多主体参与。高校思想政治教育育人体系工作格局较之传统的高校思想政治工作明显的一大进步就是思想政治工作者不再局限于思想政治理论课教师、辅导员和班主任，而是将全体高校教师、领导干部乃至后勤服务人员和学生干部都纳入高校学生思想政治教育中去。工作部门由思想政治工作部等一线部门拓展到高校教学部门、行政部门、管理部门和后勤服务部门等等，这就大大增加了高校思想政治教育的有生力量，调动了广大教职工和学生的主观能动性。高校思想政治工作是一个分工合理、联系紧密、有机协调的全员性工作体系，高校所有师生员工都可以而且必须作为教育者而存在。

场域之"大"就是工作平台得到拓展。除思想政治理论课外，所有的课程都应该承担育人工作；除理论课程外，所有的实践活动都应该承载育人责任；除学校教育外，家庭和社会也必须肩负起育人大任。这就将高校思想政治工作的平台和范围大大扩展开来，不拘泥于课堂、校园，而是放眼整个国家与社会。

过程之"久"就是坚持全过程育人。高校做好思想政治工作非一朝一夕之功，不仅涉及学校工作的各个方面，而且贯穿于学生成长的整个过程。思想政治工作要想取得良好实效，就必须纵向到底，从新生入学到毕业各个阶段各有规划各有侧重，甚至工作之后也能产生一定持久的影响。这就是"大思想政治教育"整体性和系统性的体现。

高校思想政治育人体系格局追求的是高校思想政治工作全面和动态的平衡，个体系统（高校教师与学生）良性互动，群体行动（单位与部门）协调一致，整体系统（各个影响因素）相得益彰。

（二）以人为出发点和归宿

毋庸置疑，教育的根本目的是培养人和塑造人。无论是在东方教育中还是在西方教育中，教育一致地被定义为发展人性。人性的发展在心理学中是知、情、意三者统一的发展，具有不可割裂性，这也注定了教育同样具有不可割裂性。我国倡导的教育是学生德、智、体、美、劳全面发展，这是一体的教育观，是教育过程中五个不同的方面，而不等同于五种教育。因此，教育始终都只是一种教育。高校思想政治教育通过对受教育者有目的有意识地引导从而达到提高他们思想道德素质的目的，这是教育的一个方面，决不能独立于教育活动之外。而传统的思想政治教育在实践中出现的各自为政、互不相干的现象与"一种教育观"的思想背道而驰。

人是教育的出发点和归宿。高校思想政治育人体系建设同样以人为出发点和归宿，也就是"以人为本"。这里的"以人为本"放在高校思想政治教育的语境中，就是以学生和高校教师为双重主线。传统的思想政治教育观一方面忽视了受教育的主体性、差异性和能动性，一味强调高校教师和课堂的权威地位；另一方面忽视了广大教职工的主体性，将以人为本直接和以学生为本等同起来。

高校思想政治教育归根到底也是培养人的问题。高校思想政治工作的主体对象是高校学生，切实关注高校学生的所思所想，回应和满足学生现实困惑和精神需求，着力促进高校学生的全面发展是其应有之义。但与此同时，我们也应倡导以高校教师为本。这里高校教师是从广义上而言的，不仅包括思想政治工作者，还包括高校的管理者和服务者。高校思想政治教育工作应坚持学生主体地位，不断提高高校学生的思想水平、道德品质和政治素养，实现构建受教育者精神世界的功能，这必然要求高校教师的精神世界要积极健康向上。高校思想政治育人体系建设不仅主张"以人为本"的哲学价值取向，而且力争达到全员、全过程、全方位育人的理想状态。

（三）注重系统化的思维

从系统论的维度来观照高校思想政治工作，会发现它是一个多角度、全方位、系统化培育学生的育人工程。但这种结构复杂的育人工作在实际中往往难以达到最优效果。因此，"大思想政治教育"在这一层面上可以理解为是高校思想政治工作的一种应然状态，它并不是一个具体的模式或者方法，而是高校思想政治工作所要追求的理想状态。有理想就有现实，高校思想政治工作的现实困境也在呼吁着新的时代的到来。

高校思想政治工作在实际的操作过程中往往存在着系统建设思维缺乏、功能定位模糊不清、评价体系不全等一系列的问题。具体而言，要么重专业课轻思想政治理论课，要么给予思想政治理论课太多的功能和价值定位，或者是工作队伍结构不合理、工作能力不足，等等，这些都使高校思想政治工作陷入了一定的困境中。为此，高校思想政治育人体系形成的重点就在于专业化、体系化、立体化、制度化和创新化。思想政治工作队伍进一步专业化，即拥有强健的师资力量。为此要加强工作队伍的培训和指导，严格管理，提高标准，注重评价。课程建设进一步体系化，真正实现全课程育人。这就要充分发挥多学科的优势，专业课智育与德育双修，让思政课和其他课程互相协调渗透，形成不可分割的整体。育人方式进一步立体化，多形式、多渠道、多载体育人。让思想政治教育不仅入课，还要入社、入网；不仅"三育人""五育人""七育人"，更要"十育人"；不仅学校育人，还要社会育人、家庭育人。领导机制、评价机制、监督机制、激励机制等各种机制进一步制度化。以制度规范行为，保证党对高校的正确科学的领导，实时监督反馈各项育人工作各个环节的实施状况，强化责任担当，提高思想政治工作的实际质量。

随着时代的发展变革和社会大环境的逐渐改变，思想政治工作也要进一步创新化，既因时而变又因时而新。创新是事物发展的不竭动力，高校思想政治工作要想立于不败之地，就要时时刻刻注重创新。以新时代新思想来引领前进的方向，以新资源供给来增强前行的动力，以新技术来拓展育人方式，着力建立健全系统化育人长效机制。

三、高校思政育人体系的基本结构

（一）育人目标的全方位

高校思政育人体系的育人目标是构建全方位育人体系的最终目的和方向归宿。高校思想政治教育工作是我国教育体系的重要组成部分，作为影响人、改造人的社会实践活动，理应遵循新时代教育方针，牢牢把握"四个服务"的原则，始终坚持立德树人根本任务，以人为本，以大学生的现实需要为出发点和落脚点，不仅要在学生的头脑中、思想上武装科学的理论知识体系、正确坚定的政治信念，更主要的是要以灵魂塑造引领学生的全方位发展，培育德智体美劳全面发展的社会主义接班人和建设者。

（二）育人主体的全方位

高校思政育人体系的育人主体是开展全方位育人体系的人力基础和基本保障。学生在对思想政治教育信息的接收过程中，受各种社会关系的制约，一切人的行为习惯、思想观念都可能成为影响思政教育工作成效的因子。思想政治教育工作不是单单依靠专职教师、党务工作者就可以实现的，高校所有的教职工（包括教师、管理人员、服务人员、辅导员等）都承担着育人育才的重要使命。"环境是由人来改变的，而教育者本人一定是受教育的"[1]。教育者的专业程度、师德水平、政治站位和道德修养都对大学生起着很强的表率示范作用，是全方位育人体系中的关键主体。此外，大学生不仅是思想政治教育的作用对象，也是思想政治教育工作的直接参与者，是全方位育人体系中的核心主体。一方面，思想政治教育工作要从学生入手，围绕学生实际；另一方面，同辈群体影响的力量不容忽视。因此要改变以往单向度的教育模式，调动学生自身的内在积极性、创造性实现自我管理、自我教育，引导学生在交互中自觉、主动地强化自身的学习意识和能力。

（三）育人过程的全方位

高校思政育人体系的育人过程是体现高校全方位思政育人体系蕴含规律性、持续性和针对性的必要条件。任何事物的发展都是量变和质变的统一，不管是教育本身还是学习发展均具有过程性，是在不断地与外界进行信息交换和互动中实现的，这就要求思想政治教育不仅要贯穿高校教育教学全过程，还要贴近学生成长成才的全过程。全过程育人一方面体现在高校思想政治教育工作要从学生入学到毕业的各个阶段，针对本科、研究生的不同年级和学习接受能力的差异，制定既要符合思想政治教育的内在逻辑，也要符合人的发展规律，有侧重点的能解决学生的现实需求和期待的阶段性目标和内容；另一方面体现在高校思想政治教育工作要实现与中小学段、社会发展需要的有效对接，减少不必要的重复性教育输出，体现教育工作的渐进性，提高效率，形成长效的育人机制。

（四）育人空间的全方位

高校思政育人体系的育人空间是突出高校全方位思政育人体系"处处在育人"的客观环境、载体、方式的必要前提。思想观念在存在方式和状态上具有非线性

---

[1] 马克思，恩格斯. 马克思恩格斯选集：第 1 卷 [M]. 北京：人民出版社，2012.

的特点，开展思想政治教育工作，要从其学科本质特点出发，打通课内和课外、现实与虚拟、校内和校外的脉络、显性实物和隐性文化的不同空间方位，融合理论教育和实践引导、线上和线下的多种载体方位，创新心理育人、管理育人、资助育人、组织育人等多重路径，统筹各个环节、各个机构的育人资源，确保各项影响因素发挥其积极正向作用，营造无处不在的思想政治生活氛围和气息，形成由上而下、由内而外的立体化育人空间。

第二节　高校思政育人体系建设的时代特征与价值

思想政治教育体系建设随着时代的发展被赋予了新的特点。认识思想政治教育体系建设的时代特征，既是思想认识的重要环节，也是创新思想政治教育体系建设实现路径的基本要求。

高校思想政治教育体系具有丰富的思想内涵。探索新时期高校思想政治教育体系，需要结合"谁、如何、为谁"这一根本问题，从整体上把握高校思想政治教育体系的基本内容和核心内涵。

社会主义道德是以马克思主义为指导的一种先进的道德体系，其核心是为人民服务。集体主义是它的基本原则。它反映了无产阶级和劳动人民的根本利益和长远利益，它是共产主义道德在社会主义阶段的体现。高校思想政治教育的核心内容无疑是社会主义道德。社会主义道德是建立在爱祖国、爱人民、爱劳动、爱科学、爱社会主义的基本要求之上的。其内容包括社会公德、职业道德、家庭美德和个人道德。培育社会主义道德对于个人的健康成长、社会的良性运行、实现人的自由全面发展具有重要的现实意义。总之，把社会主义道德作为高校思想政治教育和教育体系建设的基础，既是中国特色社会主义社会的本质要求，也是当代中国传统价值观的体现，同时也是高校思想政治教育和教育体系的内在规律。因此，我们必须坚持社会主义道德建设的根本要求。

中国共产党领导中华民族伟大复兴的事业，是历史的必然。近代以来，中华民族内忧外患，在民族存亡之际，中国共产党人自觉肩负历史和人民的重托，成为中国革命和中华民族复兴的中流砥柱，依靠人民实现民族独立，走上社会主义道路。这是历史和人民的选择，也是中国共产党的责任。

历史和现实有力地证明，只有中国共产党才能带领中华民族走向未来。培养一代又一代拥护中国共产党领导和中国社会主义制度、立志为中国特色社会主义事业奋斗的有用人才,是中国共产党领导中国人民走向未来的重要保证。也就是说,高校思想政治教育部门在高校教育中起着基础性的作用。只有抓住机遇,才能保证党和人民的事业有后继者,才能从根本上保证最广大人民根本利益的实现,两者在内部是统一的,这是高校思想政治教育体系的精髓所在。

把握高校思想政治教育体系的思想内涵是时代和实践的要求。在我国的许多教育思想中,道德与人才的表达不计其数,如司马光认为,选用人才第一条便是:德才兼备,以德优先。从总体上看,高校思想政治教育体系如何构建,建设效果如何,其前提要求是道德建设,没有道德的人是站不住脚的,良好的思想品德是成才的必然要求。培养有用的人才,必须培养他们优秀的思想品德,这是培养有用人才的必然要求。落实新时期道德建设和人才培养的根本任务,要善于把握道德与人才的辩证统一,真正做到"道德建设"与"人才培养"的统一。

一、高校思政育人体系建设的时代特征

(一)充分把握目标导向的要求

高校思政育人体系的导向性体现在目标明确方面。导向性,通俗讲即方向性,高校思政育人体系的目标具有明确的导向性,即具有鲜明的理想性和方向性,从而引导受教育者成长成才。之所以讲其目标具有明确的导向性是因为:高校思政育人体系的核心和落脚点是育人。新时代如何育人、育什么样的人以及为谁育人,对这个问题的回答必须旗帜鲜明,不能含糊,这是落实高校思政育人体系的逻辑前提。我国是中国共产党领导的社会主义国家,新时代是对我国发展阶段的科学定位,那么高校思政育人体系的目标毫无疑问培育的是担当民族复兴大任的时代新人与合格的社会主义建设者和接班人。这是中国特色教育事业的本质要求,是思政育人体系的目标导向所在。这一目标导向不仅体现了新时代国家发展和民族复兴的内在要求,也深刻揭示了新时代个人成长成才的必然路径。因此,必须把握这一目标导向的要求。

(二)立足于时代发展的变化

高校思政育人体系的内容具有鲜明的时代性。这里所讲的时代性,是指高校思政育人体系的思想内容立足于时代发展的变化,反映的是时代发展的要求,彰显的是时代发展的需要。就新时代"立德"的内容来讲,不仅要弘扬中华民族传统美德,着眼于立社会主义之社会公德、职业道德、家庭美德、个人品德,更要

学习和运用马克思主义中国化理论成果，特别是要将学习和运用习近平新时代中国特色社会主义思想贯穿立德树人过程中。这是新时代立社会主义之德的必然要求。构建高校思政育人体系，就要自觉以习近平新时代中国特色社会主义思想为指导，将这一重大理论融入实践的方方面面。

新时代不仅要培养合格的社会主义建设者和接班人，培养致力于国家治理体系和治理能力现代化的有用人才，还要培育能讲好中国故事、会讲好中国故事的具有全球视野、未来视野的复合型人才。这是立足于新时代发展要求的体现，也是立足于我国发展时空坐标的体现，其具有鲜明的时代性要求。就新时代高校思政育人体系的方法论要求而言，一是新时代立德树人更加注重体现德育在高校教育中的重要地位和作用，更加突出德育在人的全面发展教育中的作用，将促进人的德行成长定义为教育的首要任务；同时也强调了个人品德修养的重要性。二是更加注重和突出劳动教育的地位。特别是注重劳动与劳动教育对于个人成长成才的深远影响，强调"德智体美劳"的统一。

（三）实现全员全程育人

思想政治育人体系建设是一项系统工程，其实践过程具有系统性，主要体现在育人过程的系统性、复杂性和长期性上。21世纪的中国社会是数字化、网络化和智能化的社会，网络通达便捷，各种思想激荡，对思想政治育人体系建设实践的要求也不断增加。新时代落实思想政治育人体系建设，就要"系统推进育人主要手段、办学模式、管理体制、保障机制改革，使各级各类教育更加符合教育规律、更加符合人才成长规律、更能促进人的全面发展。实现全员全程育人"。

在新时代思想政治育人体系建设的实践过程中，把握系统性的要求，从实践过程中系统与要素、要素与要素以及系统与环境的相互联系、相互作用来探究思想政治育人体系建设的思路所在，真正形成系统化的育人体系方能构建起全员全程的育人模式，更好满足思想政治育人体系建设实践过程系统性的要求。

二、高校思政育人体系构建的时代价值

（一）促使人才培养体系完善

高校思政育人体系构建有利于完善高校人才培养体系。在知识经济的背景下，人才是社会发展的第一资源。我国正处在社会发展转型的关键时期，对人才的素质、水平、能力有着更高的要求。高校学生是民族、国家的希望，高校学生的培

养是教育主体的共同诉求。习近平总书记在全国教育大会上发表讲话，指出"要努力构建德智体美劳全面培养的教育体系，形成更高水平的人才培养体系"①，同时还强调高校人才培养体系的创建过程中，要对"学科体系、教学体系、教材体系、管理体系"几个主要层面作出变革，提升高校育人工作的整体水平和质量，做到思想道德、文化知识以及社会实践并重。思想政治教育工作在高校人才培养体系中处于统领地位，高校全方位思想政治育人体系的构建正是高站位地对高校思想政治工作进行统筹谋划的设计方案，是帮助高校人才培养体系补足短板、强化优势的必然选择，有利于新时代高校人才培养体系在适应社会的矛盾变化中不断进行完善、优化和升级，开创工作新局面、新态势。

（二）将人才培养素质有效提升

高校思政育人体系构建有利于提高高校人才培养素质。相关的文件指出，在高校思想政治工作的加强与改进工作中，要"培养又红又专、德才兼备、全面发展的中国特色社会主义合格建设者和可靠接班人"，为"两个一百年"及中华民族伟大复兴的实现提供人才支持；《高校思想政治工作质量提升工程实施纲要》中更加明确地指出，高校人才培养的总体目标是，着力培养德智体美全面发展的社会主义建设者和接班人，着力培养担当民族复兴大任的时代新人。高校作为党的意识形态工作的前沿阵地，在多元文化渗透和冲击的大环境下，要更加注意将意识形态阵地建设工作落实到位，为高校学生的全面发展指明正确的方向。当前国际国内的形势复杂多变，境外敌对势力对我国的渗透力度不断加强，企图混淆大众舆论，制造思想混乱的局面，而高校学生求知欲强、好奇心重，思想价值观念极易遭受侵蚀，不利于健康"三观"的塑造，会对其的全面发展造成一定的负面影响。在当代高校学生的全面发展及综合素质的培养过程中，只有先行对当代高校学生施加正向的思想政治教育影响，才能为高校学生的全面发展指引正确的方向和道路。此外，高校全方位思想政治育人体系着眼于新时代，从宏观视角将传统思想政治工作进行立体化升级，在不同层面满足高校学生成长成才的需求，全育人且育全人，在理论与实践中、在生理上与心理上均切切实实提升其获得感、满足感。因此，高校全方位思想政治育人体系构建的时代意义还体现在可以为高校人才道德素质水平的提升以及综合能力的增强提供强大助力。

---

① 吴晶．胡浩．习近平在全国教育大会上强调 坚持中国特色社会主义发展道路培养德智体美劳全面发展的社会主义建设者和接班人 [J]. 人民教育，2018（18）：6-9.

(三)扩大高校影响力

高校思政育人体系构建,有利于提高高校影响力。建设世界一流大学和一流学科,即"双一流"大学,这是我党在教育领域内所推行的一大重要战略,其中将打造具有中国特色和世界影响力的新型高校智库作为重点任务之一推进。长期以来,我国对教育工作都予以高度重视,高校建设工作也初步获取了一定的成果,拥有了世界范围内规模最大、增长速度最快的高等教育系统。但与此同时,世界经合组织所公布的调查数据显示,2018年中国25~64岁人口中受过高等教育的比例为17%,而发达国家的水平基本在40%~50%左右。由此可以看出,当前我国高校人才培养工作面临着巨大的挑战,与发达国家之间存在较大的差距,我国高校在世界范围内的影响力仍然较低。因此,高校应当将立德树人视作高校全部工作成效的检验标准,并将其融入高校建设、高校管理的每一个环节之中,将立德树人作为教育的根本任务和中心环节。这一论述,充分强调了思想政治教育工作对于高校整体工作开展的重要性与必要性,也间接说明了高校全方位思想政治育人体系的全面构建不仅对"双一流"大学建设任务的推进具有积极影响,更关键的是有利于走出一条面向世界、面向未来的中国特色社会主义高校发展之路,在提升我国高等教育的整体水平的同时,增强我国高等教育的国际影响力。

第三节 新时代高校思政育人体系构建面临的困境

一、育人体系整体构建不平衡

高校思政育人体系的整体构建中存在不平衡性,主要表现在理论与实践脱节、体系内容不平衡和关注对象不平衡上。

(一)理论与实践脱节

之所以呼吁育人的全面构建工作,其实还是为了高校学生的成长和全面发展着想。思想政治教育是一个内化于心、外化于行的双向互动过程。它不仅仅停留在教育者对理论的阐释和灌输层面,而且要通过受教育者对所预示的目的性理论产生认同并付诸实践,才能真正起到作用并具有价值。为了构建立体育人网络机制,当前高校思想政治工作在实践投入方面卓有成效。以北京科技大学为例,北京科技大学召开专题会议,印发工作方案,将教育部提出的课程、科研、实践、文化、网络、心理、管理、服务、资助、组织等育人体系建设细分为25项重点项目、100项具体任务，明确提出打好四场攻坚战，力求清单化、系统化、持续化推动"思政育人综合改革行稳致远"。与实践投入形成鲜明对比的是，高校在育人理论研究方面相对匮乏，未能及时将经验上升为指导理论。从各方面可查资料来看，关于育人体系整体构建的文章不多，大多从某一个育人角度出发来论述学校的育人工程或是将育人体系的建构研究放在总体的思想政治工作中一笔带过。这就呈现出理论与实践脱节的场面。

（二）体系内容不平衡

早在20世纪80年代中后期，教育界就逐步形成了"教书育人，管理育人，服务育人"的共识。21世纪初，特别是中共中央、国务院发出《关于进一步加强和改进大学生思想政治教育的意见》后，学者们以此文件为指导，除对"教书育人""管理育人"与"服务育人"三个传统思想政治教育课题研究外，同时强调高校"实践育人"和"科研育人"的重要性。此后，随着高校教育理念的革新、时代的发展以及高校学生自身实际情况的变化，学术界又提出"七育人"概念，增加了"文化育人"和"组织育人"。2017底，中共教育部党组印发《高校思想政治工作质量提升工程实施纲要》则正式确立了高校思想政治工作必须切实构建"十大育人"体系，将网络、心理、资助育人纳入其中。高校"十大育人"体系格局正是这样一步步发展起来的。这样的发展过程也造成了"十大育人"体系内部呈现出发展不均的状况，最早提出的育人工作，如教书育人、管理育人和服务育人，高校对此有深厚的理论研究和实践经验。相较于此，近年来提出的网络、心理和资助育人方面的研究就稍逊一筹。当然，各高校工作重心和能力的不同，也同样使得"十育人"的发展有强有弱。很多高校狠抓课程育人，在思想政治理论课教学上独树一帜，但其他育人工作却表现平平，成为其短板。

（三）关注对象不平衡

以往，高校思想政治工作的主要对象是高校学生，是为高校学生成长成才服务的，从狭义上而言也并未有错。这种传统的思想也很明显地体现于高校思想政治育人体系的构建中。从广义而言，思想政治工作从根本上来说是做人的工作，高校思想政治工作对象中的"人"，既包括学生——专科生、本科生和研究生，也包括高校教师。然而，当前的高校"育人"工作在关注对象上明显存在差别对待现象。这体现在学生和高校教师之间的失衡以及学生内部的失衡两个方面。一方面，在实际工作中，对高校教师思想政治工作的关注明显低于对学生思想政治工作的关注。其实，高校教师具有双重属性，既是学生思想政治教育的开展者，又是高校思想政治工作的对象。我们不能忽视高校教师的后者属性，因为只有高校教师的育人能力提高才能更好地发挥育人作用。另一方面，对本科生的培育重视远高于研究生。这主要与规模大小和性质有关，毕竟本科生的人数大大多于研究生。此外，研究生群体相对而言来源多种、思想多元、管理相对松散，这也对高校研究生群体的育人工作提出了更高的要求和更严峻的挑战。

二、育人关系不够和谐

在育人体系的建构中，协同是思想政治工作的核心要义。而主体队伍表现出来的人员多而不齐、部门广而不协导致了整个育人体系的不融洽，育人目标无法协同一致。

从个体层次上看，思想政治工作队伍多而不齐。人员"多"，代指数量大。随着高校育人体系的拓展开来，思想政治工作的队伍逐渐壮大，人员从单一化转向多元化。一方面，思想政治工作专职队伍的育人力量扩大。除思想政治理论课高校教师外，高校思想政治工作队伍还将高校党政干部、共青团干部，从事哲学社会科学课的高校教师以及班主任、辅导员和心理咨询教师等人员纳入其中。另一方面，思想政治工作兼职队伍的育人作用凸显。就育人主体而言，高校力求打造全员育人格局，广大教职工甚至于后勤人员都要有育人意识，承担育人责任，发挥育人功能。思想政治工作队伍的扩大，的确有利于高校思想政治工作的开展，但也使其内部呈现出复杂性状态。这就存在"多"与"齐"的关系问题，也就是质量的增长未能赶上数量的增长。"齐"，齐整、齐心协力、见贤思齐，要求思想政治工作队伍的每位成员不仅人到，还要心到，不仅心到，还要力到。但就目前高校的实际状况而言，并不是每个人对思想政治育人体系的构建工作都很重视，存在"冷热"现象：有的学校层面"热"，院系"冷"；领导"热"，工作人员"冷"；通识课高校教师"热"，专业课高校教师"冷"；等等。并且育人体系中每个育人小系统中还存在着工作交叉的问题，这就导致很多高校呈现出一种工作人人有责，但实际配合起来往往呈现出"事不关己，高高挂起"的现象，思想政治工作存在平均摊责、重复低效和工作盲区问题，实效性不足。

从单位层次上看，思想政治工作部门广而不协。"广"，范围宽阔之义。思政育人体系的构建需要高校每个相关部门的密切配合，涉及的部门从"点上深度"

到达"面上广度"。"协",共同合作、协调的一种理想样态,暗喻思政育人体系的建构部门从"面上广度"回归到"点上深度",即每个工作部门都要守好一段渠,打好配合战。但在目前的实际操作中,高校各职能部门呈现出两种不良的状态。一是小部分高校固守着传统的理念,认为高校学生思想政治工作是两个部门的事情:学工部门和思想政治教育类课程,这就使这两个部门的作用被放大化和过高估计。的确,我们将思想政治理论课称之为高校思想政治工作的主渠道,学工部门是高校思想政治工作的第一战线。但显然,高校思政育人体系的整体建构仅仅依靠他们来实现是天方夜谭。例如,课程育人要求思想政治教育课程类和专业课都具有育人功能,专业课程都是由各院系高校教师自行开展,思想政治教育课程替代不了专业的作用。资助育人、组织育人、管理育人、服务育人涉及学校的资助中心、党团部门、管理部门和后勤部门等,学工部门只能算作"十育人"工作的某一个工作部门。二是大部分高校已经认识到各个部门的责任,也对每个部门的育人工作进行了详细的规划和安排,但没能将部门统一起来。每个部门的工作内容往往局限于上级部门的要求,缺乏自觉能动性,依据实际的个性化教育功能便处于丧失状态。思想政治工作部门和部门之间缺乏明显交流,单兵作战,实效最大值没有得到充分发挥。

三、育人主体缺乏育人热情

作为高校思想政治教育的组织者、实施者,教育主体是全方位思政育人体系的联结单元,是思想政治教育工作向前发展的具有强大创造力的推进器。高校思政育人主体主要包括思政课教师、专业课教师、辅导员、党务工作者、管理人员、服务人员及学生。

高校思政育人主体的育人热情尚未完全唤醒,育人的主体性、能动性发挥受限,具体表现在以下两个方面。

(一)部分教职工育人意识淡薄

思政课教师和专业课教师在教学和科研的双重压力下,任务繁重,始终以教学大纲、书本内容为依托,以传统考试为主要落脚点,以专业知识、技能教授为本位。对学生个体的需要认识和理解不到位,易沦为没有思想、没有感情的教书机器,将"育人"这一过程异化为机械的传递、灌输的行为,不利于学生的全面发展。辅导员、班主任作为大学生成长之路的引领者、指导者,被事务管理者角色所替代。在处理班级和学生的日常事务时也只是就事论事,对当下产生的结果进行处理和止损，而对事件发生的背景、过程、推动因素和其中暗含的思想行为倾向关注较少，实质问题得不到根本性的解决。党务工作者在发展人才、制定活动计划时疲于应付过于繁杂的流程，在进行校园特色、贴合人的全面发展规律，充分调动师生参与积极性这一方面的工作捉襟见肘。高校管理呈现"行政化"的特点，管理人员在日常工作中通常以稳定、有序、绩效为基本追求，在制度体系、管理方式的选择上尚不能满足学生的期待和需求。高校在提升服务水平，推行服务社会化的过程中，忽略了后勤人员自身素质的建设。服务人员在市场经济的影响下，以利益作为工作导向，片面注重物质供给，忽视精神涵养。

（二）大学生缺乏自觉学习动机

大学生是具有独立自主意识和基础知识储备的个体，其自身关于知识的吸收和理论的建构不是一个单向度的被动接受过程，而是在对所接触信息的理性选择中发展培育起来的。大学生不仅是教育的对象，更是学习的主人。尽管在思想政治教育的理论研究和探索中都对学生这一对象的主体地位给予了充分的肯定和拔高，但是在传统教育思想、灌输式德育影响下，大学生往往缺乏自觉主动的学习动机，在思想政治教育工作中参与感弱，处于被动接受的客体地位。在课堂上，将"顺从"作为应该遵守的道德规范，只能跟着课本、跟着教师，尽管发言但不敢"发声"，想象力和个性被压抑，不利于与教师在互动中达成"情感共鸣"。在以量化考核为标准的"一刀切"评价体系中，片面追求标准答案权威下的高分数，导致学习信息的获得不是主动选择的结果，忽视了学习过程中情感、思想、技能的多维进步。在社团活动中，受管理体制的束缚，学生自身的兴趣和需要得不到充分满足，不利于培养学生的组织、协调、创新能力，不能够充分发挥其作为主体的主观能动性。

四、机制或制度保障不足

育人机制不科学主要表现在两大方面：一是评价机制，二是宣传机制。高校思政育人体系的构建工作纷繁复杂，涉及人员部门众多，因而要明确任务、目标，严格考核责任。但在高校的实际操作中，关于人员部门的考核情况还存在"软指标"现象，注重任务的分配，却忽视了对思想政治工作的考核评价。这就体现在思想政治工作队伍的考核不够规范以及过程考核不够全面。长期以来，思想政治工作主体队伍作为高校学生思想政治教育的主要管理者和实施者，自身承担了太多的任务和责任。可是对他们的考核评价不够规范，有的高校只注重量化指标，以业绩论成绩。有的高校则过重于参考学生的评价，学生过多地接触辅导员和班主任，对其他岗位的思想政治工作者尤其是领导干部无法作出科学的评价。考核的不规范自然影响了奖励的结果，如此管理、考核、奖励的脱节，挫伤了很多人的积极性。高校对于思想政治工作兼职队伍，如后勤部门的育人考核更是存在大片空白，往往以开展活动的多少作为评价的指标。除此之外，在过程考核中，很多高校主要是抓住期末或是年末的尾巴来进行，而思想政治工作是一个贯穿全时段的任务，这就导致很多人员或是部门出现中途懒散、末期赶工的不良局面。

此外，高校思政育人体系的构建工作要置于社会大环境中去探索思考，以营造良好和谐的社会环境推动育人工程的发展。虽然在教育部大力倡导之下，各高校"育人"工作已如火如荼开展起来，但宣传范围局限于校园内部之中，真正"育人"的大氛围还未营造起来。就目前而言，思政育人体系在社会中的宣传还不够深入，普通大众对"育人"理念的内涵知之甚少，又何谈共同育人。由于宣传机制覆盖不够全面，致使社会环境未能对高校思政育人体系的建构产生助力，家庭教育未能与学校教育进行良好的对接。并且每个高校自身情况不一样，育人体系的建构的进度也不一样。有的高校"育人"工作已经成为本地区的模范先锋，而有的高校在育人工作中还存在各种漏洞。高校与高校之间似乎都习惯于闭门造车，将自身经验分享出去的宣传工作也不到位。

五、育人体系的联动效应发挥欠佳

系统是马克思主义唯物辩证法中的重要范畴。系统之所以具备各子系统不具备的功能在于系统中内含各子系统之间的相互联系、相互制约、相互影响的关系，而系统整体性功能的发挥也正依赖于各子系统之间的良性互动。但目前高校各育人资源之间缺乏联系，呈现出各自为政的松散体态，体系的合力作用收效甚微。

（一）顶层设计不完善

首先，一些高校在实施思想政治教育的过程中，尽管建立了联动育人机制，但是工作规划相对简单、抽象，思想政治教育的中心主题不明确，缺乏育人相关的具体目标、任务和分工说明，导致机制形同虚设，难以有效汇集思想政治教育力量。具体来说各部门各机构受困各自所处领域的既有制度、体系和语言习惯，难以突破教育惯性影响，各育人资源配合度不高，缺乏信息沟通，育人功能出现重合，系统内部产生摩擦和内耗，子系统之间不但没有形成互为补充、互为支撑的稳定结构，相反还消减了育人合力的生成。其次，过度依赖国家政策、文件的指导，教学决策和推广生硬，缺乏自主性，与当地特色、校园文化历史和生源质量水平结合不紧密，思想政治教育工作的适应性不足。此外，相应的监督、评估和激励保障机制不统一，思想政治教育工作的内生动力不够，难以实现真正意义上的合力育人。

（二）投入配比不协调

思想政治教育工作不管从其本质、特性和教育的内容方面来看，都属于软工程，但在教育过程中和方式的使用选择上需要依赖相应的硬性条件做基础。目前我国高校大多设有思想政治教育专项经费，但在经费的申报、审核、使用、监督程序中绩效导向微弱，经费的利用效益不高，专职思政课教师、辅导员等的待遇较专业课老师不足，相关教育平台建设进度迟缓，与客观需求不符。另外，大多数高校在专职思政课教师、辅导员的人员配比中严重失衡。人的精力是有限的，在面对基数大、差异大的学生群体时，思想政治教育工作的针对性和有效性将会大打折扣，常常在问题出现时会有人员缺位的情况。

第四节 新时代高校思政育人体系构建策略

一、加强高校辅导员培训工作

高校辅导员集教育引导、管理分配、服务学生等多元化职责于一身，随着教育事业的不断发展，新时期新形势对辅导员队伍培训有了升级化的高标准、严要求。

（一）确立人才本位的培训理念

自古以来，人才资源一直是各个行业争抢博弈的主要资源之一，确立人才本位的培训理念是确保工作行业发展的第一要义。重视人才资源、加强人才的内生（内部培训）与外引（扩大招聘）是市场竞争的迫切要求。人才本位的培训理念，不是简单地对基础知识进行填鸭式灌输、短期单一技能的文本培训，而是要求辅导员培训组织构建一个长期的、有效的培训体系。

（二）建立双向统筹的培训机制

培训部门要充分履行辅导员系统培训的牵头抓总的职能，践行集体培训与个体培训的双向统筹培训规划。一方面,要充分做好基层参加培训辅导员们的信息征集工作,制定有预见性的培训指导思路,在培训周期、培训班次、培训内容和人员集中选择上做好妥善的统筹分配工作,强化宏观管理,规范双向统筹标准,严格执行计划;另一方面,要允许学员以及辅导员本人以正当理由适当选择参训班次、时间、形式等,让被培训部门及个人有一定的自主空间。实行辅导员个体自我需求与社会集体发展、工作实际需要相结合的培训机制。

(三)更新现代科技的培训方法

引入现代科技手段,不仅包含设备层面的更新换代,主要涵盖培训时间、培训空间、培训形式等多层次的培训方式的更新。一方面,充分发挥新时代科学文明与通用技术的功效,结合网络传输、多媒体设备、远程监控、电化教学等通用的新方式方法,最大限度地突破时间、空间对于辅导员培训教育带来的局限,解决在职辅导员与求学心理的冲突矛盾;另一方面,在现有专题讲座、名师演讲等教学模式基础上,更新培训方式,引入个案分析、场景模拟、小组讨论等新颖途径,丰富授课形式,着重结合辅导员工作生活中的实际情况进行有针对性的分析与研讨,把传教解惑、自思自省、互动互助等行为引入课堂,充分提升辅导员的积极参与度与灵活创造力,达到更切实的学有所成,取得相应的为学生服务的效果。

(四)丰富细致全面的培训内容

目前,高校在培训授课方面普遍存在内容覆盖面相对小、涵盖知识相对少、涉猎广度相对窄等问题,丰富辅导员队伍培训课程的内容,将培训内容细致化、层次化、具体化是一项亟待解决的问题。可以采取如下有针对性的具体措施。

一是对缺少基层工作经验的新鲜血液辅导员,采取"老带新"模式,增加实践教学内容,遇到突发事件和多发事件,要求老辅导员必须"一带一"现场指导,帮助新辅导员尽快进入工作状态,了解学生工作实际;二是对有一定发展潜力、近期可提拔的辅导员,要注重提升其政治修养与文化素质,可以构建能力提升培训模块,如决策力(decision power)模块、领导力(guide power)模块、影响力(influence power)模块、创新力(innovation power)模块等内容,进行综合性的全方位的领导能力提升,有针对性地进行培训,建立全新的辅导员领导干部能力培训课程体系。

二、加强高校思政教师队伍建设

高校的思想政治课教师首先自己必须是一位学者。教师不仅要有专业素养，还要有广泛的历史、经济、军事等方面的相关知识，这就需要教师要认真学习教材，仔细研究教材并处理好教材，与此同时，还要不断地更新自己的知识，吸收并了解一些与教材相关的知识。另外，教师也要不停地学习，深造自己，充实自己，从而不断提高自身的教育水平。

现在的社会是一个多元化的社会，人们的价值取向也逐渐变得复杂多样。思想政治文化相互交织碰撞，直接影响到大学生的价值观、人生观和世界观。有的学生在不同程度上出现了价值观的偏移，以及极度缺乏社会责任感和团结意识等问题。此时，思想政治教育教师应该及时地给予学生正确的指导。另外，一些学生对未来感到迷茫，对自己的专业不够了解，这就需要教师不仅要重视思想政治教育，还要了解学生的专业设置及发展前景等其他与学生相关的知识。

对于教师来说，育人不仅是重要的职责，而且还是历史赋予其的使命。教师是教学的主体，但从学生学习的角度上看教师处于客体的位置。如果想要学生从内心接受教师传授的道德规范，这就需要教师以自己的行为做出榜样，树立典范。在进行教学的时候，假如教师对学生认真负责，工作严谨仔细，在处理事情的时候能够做到公平公正；在生活上，自觉遵守社会公德，拥有良好的道德品格，那么对学生的影响作用是具有正能量，反之，其影响则是大打折扣的。所以教师在生活与教学中，一定要做到言语与行为的统一，树立良好的自身形象，成为能够让大学生学习的道德典范。

虽然大多数的大学生应经成年了，但是其心理状态依旧不是十分稳定，就有很大的可能会出现心理问题。现在的大学生正处于生理成熟期和心理发育的过渡阶段，在心理上往往出现很多过渡状态的矛盾性，诸如情感丰富但是波动较大，自我意识不成熟，独立及封闭性、依赖性、拜金主义、享乐主义及极端个人主义等问题，另外，学习负担和就业压力等因素也会造成学生心理不健康。这时，就需要思想政治教育教师来帮助学生对心理问题进行疏导并加以解决，扮演学生健康美好心灵的培育者，加以正确引导，全面提高学生的综合素质，培养其自身处理问题的能力，从而使学生适应社会的发展和要求。

加强思政教师队伍建设策略有以下几个方面。

（一）提升教师政治水平和理论素养

要用中国化的马克思主义来指导整个课程思政教学过程，从而实现有效灌输。

在准备进行有效灌输马克思主义理论之前，高校教师最重要的就是要有政治敏锐性，把握思政教学过程中所灌输的理论的正确性、准确性和方向性。在这一点上，必须讲基本的政治规矩，这就需要教师具备政治智慧。一方面可以通过开展系统培训的方式，根据不同学科、不同专业的教师开展不同学习程度、不同要求的培训，以便教师更快地提高自身的政治水平，将所教授学科的课程内容结合思政元素，在教学过程中自觉融入马克思主义理论和中国特色社会主义思想。另一方面通过专题讲座的方式，讲解和学习党的最新理论成果，加强教师队伍的理论素养，寻求学科知识和课程思政的切入点，能够润物细无声地引导学生树立正确的政治站位，明辨是非，成为传播知识与传播思想文化相结合的真正教师。党支部定期开展主题会议、民主生活评议等活动，帮助广大党员教师学习党的最新理论成果，营造良好的政治环境和工作范围，使各教师的政治信仰更加坚定，政治能力进一步得到提高。在课程思政教学中，会涉及一些基本理论的讲解，而这些理论往往是专业课程涉及的重要或基本思想政治教育问题，学生应掌握其知识并能结合专业课程进行理解和运用。教师要积极谋求以理性分析帮助学生明晰思想政治教育知识的内涵，同时以科学理论的强大魅力指引学生。

很多大学生不自觉地把专业课教师当作自己努力的方向和最想成为的人，专业课教师的身体力行时时刻刻影响着学生，课程思政教学成效依赖教师积极营造的富有感染力的课堂气氛，以及教师自身高尚的师德师风、独特的人格魅力和起表率作用的言行举止。学生在日常与教师的交流中，不自觉地就会想要遵照在教师身上发现的良好的道德品质，而这种意识一旦经过长时间的发展，就会形成习惯，将会在今后的做人做事上对学生本人产生十分重大的影响，在之后的时光里能够保持好自身的道德认知，在自我成长的同时肩负起应有的社会职责。具有优秀道德品质和行为示范的教师，能够尽力使自己不断学习提高充实自己，并不断钻研如何能够更好地推进课程思政的教学，明白自己的劣势和不足，从而积极主动地学习好的新的知识，督促自己与日俱进，不忘自己之前想要成为一名优秀教育工作者的初心，在教育中提升个人价值。

（二）提高教师课程思政教学能力，创新教学方法

课程思政的建设，主要以课堂教学为依托，这就要求教师提高创新教学方法的能力，针对不同内容、不同问题采用不同形式的教学方法。积极创新满足学生需求、找准课程思政切入点，增强课程思政教学效果。此外，应顺应时代发展创新教学方法，教师要不断学习和运用信息化和现代教育技术进行教学，整合教育

资源、编排教学内容、借用新技术激发学生学习兴趣。

（三）强化教师协同育人的理念

教师是课堂教学的主要从事者，"课程思政"实际的运作效果是否显著，与所有课程教师对于课程思政的理解紧密相关。因此，课程思政建设必须首先解决认识上的问题。各类课程教师都必须深刻认识到，立德树人是所有课程都要承担的共同任务，每个人都承担着育人责任，进一步强化协同育人的教学理念。不断加强教师协同育人的理念，提高参与课程思政建设的热情，并将这一认识的转变具体表现在教学实践中，在教学活动中将这一认识不断深化。专业教师树立科学的教育理念对课堂教学具有重要的引导作用。要提升教师的育人责任感，强化教师协同育人的理念，可以通过将育人的具体要求深入贯彻到课堂教学，制定具体的措施，进一步加强对大学生的价值观引导，促进全体教师同向同行，形成育人合力。教师应将德育作为首要的、基本的教学工作，并积极将这一理念牢记于心，提高育人意识，及时掌握学生的思想动态和精神需求，实现对学生整体素质的塑造和提升。

1. 健全当前协同育人的制度设计

只有高校打造健全的制度体系，才能很好地将辅导员和专业教师联系起来，打造优质的协同育人格局。第一，需要在学校内部制定宏观战略和发展策略，在高校内部管理体系中增加课程思政的内容和目标，特别是学工部和教学管理两个部分，需要设定共同的发展目标，齐头并进，协同发展。第二，在考核方面要突出育人实效这个重点，保证评估机制的合理性，建立明确的奖惩机制。要将学生工作和教学工作两个部分有机联系起来，打造完善的制度体系，解决不同序列考核指标不一致的情况，将各级教师的工作积极性充分调动起来。第三，要对教学管理制度进行细化与明确，对教师的课程思政职责进行明确，打造系统的研讨机制，在工作过程中多多沟通与交流，年终做好总结与展望工作，尽可能地保证资源优化配置，消除信息不对称的情况，将合理育人的理念在真正意义上落到实处。

2. 融合协同育人的理论和实践

整个课程思政是个动态运行与发展的理念，需要对各种教育资源进行系统整合，在这个过程中，教师的教学能力也能得到显著提升。这也需要教师以积极的态度投入这项工作当中，认真学习马克思主义理论，实现思政理论和专业知识的有机融合。辅导员的主要工作就是指导学生开展思政实践，不过有些辅导员也会兼职有关思政的授课工作。在这样的情况下，实现两个队伍的协同合作其实会更加容易。要设立专门的科研项目，从理论合作入手，逐步提升辅导员和专业教师的思想政治理论水平；充分把握建构思政案例库的发展良机，使得辅导员和专业教师在教学实践方面的关系密切，健全当前的教育体系，实现资源优化配置，保证思政实践能力的稳步提升。而课程思政也要对各种可利用的资源都予以重视，创造条件吸纳更多的时代发展元素，按照学生的喜好对当前的教学内容进行优化，让课程设置更具吸引力，将课堂教学和日常管理巧妙地融合起来，在这样的设置下，辅导员对思政课也会产生浓厚的兴趣，那么再进行教育指导也就更有针对性。

三、构建家庭、社会、学校联动育人体系

（一）加强家校联系，开展良好的家校互动活动

家庭的影响对大学生的主流意识形态发挥起到一定的作用。家庭教育作为兼具双重属性的一种行为实践，既具有尊重人的天性成长的自然属性，也有引导人的行为符合角色规范的社会属性。家庭成员之间具有特殊的、独有的黏合方式和情感联系，能够基于亲情感化、言传身教、心灵沟通、生活互动、角色配合等方式，加强大学生的家风家训教育以及挫折、人格、性格、习惯等方面的教育。

如今高等教育的普及以及教育的公平发展，使得在同一所高校同一间教室就读的大学生可以来自不同地区、不同家庭环境。有的学生的家庭比较注重对子女的意识形态教育，其父母本身对主流意识形态就很认同，这样的家庭氛围影响下的大学生一般不会出现意识形态认同危机。

1. 开展家校共育

家校联合教育是指学校与家庭联合进行思想政治教育的模式。家庭是组成完整社会的基本单位，被赋予了培养思想品德的关键角色，且作为社会重要的道德基础，家庭教育或家风建设对于培养社会美德、弘扬社会主义核心价值观以及巩固社会道德基础，具有重要的意义，家庭与学校作为一个人所属的两个最重要的社群，两者在思想政治教育过程中的联合，有利于确保思想政治教育在学校与家庭之间的连贯性，使家庭教育与学校教育达成共同的教育目标而不脱节，提高思想政治教育的实效性。学校与家庭之间的联合教育应搭建一种家校共育平台，作为家长与学校沟通、协作、共享信息以及参与学校教育教学管理的重要媒介。

首先，高校可以通过创建网站的方式建立与学生家长的直接联系，对学生家长公开有关思想政治教育理念、政策、方针、原则的信息，增强学生家长对高校思政的认知以及对联合教育必要性的认识，提高学生家长参与思想政治教育过程

的积极性；设置"家长—教师"一对一线上答疑解难渠道，尤其是针对亲子关系以及学生思想道德方面的疑问或困难，安排负责学生工作的管理者或教育者及学生辅导员等人员及时进行沟通；开通家长建言献策通道，鼓励家长对学校教育教学管理的参与，尤其是争取家长对思想政治工作的支持和合作。其次，高校可以借助QQ、微信等社交软件，创建由家长与思政工作者或教师组成的家校QQ群、微信群等线上社群，建立家校之间、家长与教师之间的社群纽带，拓宽学生家长与学校之间的沟通与交流渠道。通过这种方式，教师与家长能及时就学生的思想品德情况以及行为表现进行直接有效的沟通，并明确共同的教育目标，制订联合培养方案和计划，避免学校与家庭教育理念的冲突或不一致，使学校教育与家庭教育同向同行、有机结合。同时，高校要完善反馈与评估机制，及时听取学生家长对学生思想品德情况的反馈，并科学评估思想政治教育的效果，制定并实施有效应对策略。最后，高校可借助腾讯会议等线上会议软件，定期召开家校共育讨论会议，邀请学生家长和学校思政工作者、教师及各部门相关管理者共同参与会议，促进学生家长与思政工作人员的深入交流，就推进思想政治工作存在的问题和难点展开讨论并达成共识，寻求合作解决和处理的方案。

2. 保障学生家长的监督权

协同育人一定要实现权力的监督监管，保障权力不滥用。某些时候，人们讨厌权力，是因为许多拥有权力的人在运用权力的时候违背了公平公正的原则，打击了人们的信心。协同育人系统中，学校党委、职能部门、教师个体都拥有一定的权力，他们是否参与协同育人，协同积极性如何，协同工作参与度如何，协同效果如何，这些都需要有人监督约束。因此，完善的协同结构应具备监督监管的功能，借助学生、家长等的外部力量，无形中给权力拥有者压力，促使他们主动参与协同育人工作，让权力在正常范围内使用，更加透明，更加公正。

（二）拓展社会实践，开展和谐的社会互动活动

1. 拓展社会实践

无论是价值观念、必备品格还是关键能力，都将在社会实践中得到检验并不断发展完善。比如，厚植爱国情怀是思想政治理论课的重要功能，高校教师既可以组织学生在教室中开展教学活动，深化学生对祖国的情感，也可以带领学生祭拜革命烈士、参观战争博物馆等，让学生深入了解国家曾遭受的苦难，更真切地感受革命先烈的大无畏精神，树立为国奉献一生的志向。因此，根据教学内容需要，适当地开展社会实践活动，充分利用当地的教学资源，加强学生与社会的互

动，有利于拓宽学生视野，深化学生的乡土情怀，培育学生的爱国情感。

在社会实践中，社会风气的好坏在很大程度上对思政社会实践效果产生了影响。社会风气和社会环境的好坏影响着大学生对高校思政课程的认同，因此，整个国家、社会和各个部门要协同努力，共同来为大学生养成过硬的思想政治素质和正确的价值观念提供一个良好的社会氛围。具体可以从以下三个方面来着手。

其一，净化社会不良环境。首先，针对目前社会上出现的贪污腐败、非法经营和网络乱象等社会问题，党和政府要进一步加强廉政作风建设，严打行贿受贿、贪污腐败现象，完善法律法规和多途径监督机制，打击违反诚信经营、偷税漏税等犯罪行为，加强对网络的监督和管理，以赢得大学生对党和政府的信任，进而增加他们对该课程教材内容的认同。其次，针对严峻的就业形势，党和政府要在想方设法增加就业的同时进一步贯彻落实"大众创业，万众创新"政策，鼓励有意愿的大学生进行创业，并给予他们最大限度的政策和资金支持，以缓解就业压力。最后，针对西方不良思想的侵蚀，党和政府要进一步加强国家意识形态安全防范意识。

其二，用人单位要注重对应聘大学生思想政治素质的考核，将他们在大学期间的思想政治素质表现情况及鉴定评语作为决定是否录用的重要标准，促使大学生重视该课程，增加他们学习此课程的外在动力。

其三，党和政府要加强对报刊、影视和互联网等大众传媒的管理，并充分利用大众传媒传播速度快、覆盖面积广的特点，加大对社会主义核心价值观和体现社会正能量的人和事的宣传，以正面人物和先进事迹传递正能量，进而形成良好的社会风气和社会德育环境。

2. 要建设协同互助的校外队伍

通过建立校企战略合作网上协议，构建同步、智能、交互的产、学、研三位一体育人网络，为学生学习、实习、就业搭建大数据网络平台，共建"创客空间"、孵化园、实验室、联合培养实验班等项目，加强人才培养、科研项目、技术攻关深入联合，结合企业科普实践、技术创新、文化价值、发展历程、创业名人、行业模范，强化大学生思想价值观教育。大数据背景下校企协同育人要重视大学生分类定制培养，统筹大学生理论和实践、校内与社会、第一课堂与第二课堂多种教育资源，共享优质数据、智库、平台、技术、资产，促进课堂育人与实践育人在内容、作用、方式、效果等方面的反馈互补，创造性地把高校思想政治工作与行业领军人才需求进行精准化的前端对接，让理论与实践在校企合作中"打结"，全方位培养大学生的创新思维、实践技能、专业素养、学科兴趣、团队精神、社交方法、求职技能、职业规划意识、应变能力等。最后，构建学校、政府协同育人队伍。政府对高校思想政治工作既有"管""引"的责任，又有参与、协助、配合的义务。在全球智能、创新、颠覆、互联、开放的大数据浪潮下，政府应当加快健全数据开放、共享、安全标准体系，建立政务数据与高校思想政治工作的多联结通道，将黏性强、契合度高、价值大的数据向高校开放，加速有效数据在思想政治工作中的传播、转换。同时，教师和政府人员要通过政策协商、决策分享、监督联动、评价共识、方案共建、责任同担、对象共教建立工作契合点，为大学生提供基层挂职、顶岗实习、支教扶贫的专业化、精准化对接服务，既要发挥好政府对高校思想政治工作的引导、管理、监督、调控、激励作用，又要运用政务工作的专业性、严谨性、服务性育人育心。

3. 学校与社会的合作教育

学校与社会的合作教育主要指学校与所在社区，以及除家庭和社区以外的其他社会单位之间的合作教育，包括与企事业单位、志愿社团、政府组织等不同社会单位的合作教育。学校与社会的合作教育主要通过教育资源共享、教育技术合作、校企联合培养等方式进行，以实现校内外多元教育主体的教育联动。对于我国高校思想政治教育而言，要实现学校与社会的良性合作，形成教育合力，可从以下三个方面开展实践。

首先，学校要与社会合作单位达成对思想政治教育目标的共识。学校寻求联合教育的社会单位应对自身在思想政治教育过程中的作用有明确的认知，学校与合作单位应达成一种共识，即共同合作的根本目的在于立德树人，培养具有良好专业素养和思想品德的人。例如，在校企合作中，高校思想政治教育应该与企业文化有机结合，培养"工匠精神"，将立德树人的理念寓于企业道德规范、工作作风以及规章制度中，倡导敬业、诚信、责任、尊重等美德，使学生在实习中锻炼专业技能的同时，通过体验企业文化，在潜移默化中形成良好的思想品德。其次，学校与社会合作单位商定的实习内容、合作项目或实践活动应具有教育意义。实习工作或校外教育合作项目和实践活动的安排应符合思想政治教育的育人目标，不应是高度结构化和常规化的，实习学生不应被作为被动服从规则、执行工作任务的毫无情感的机器人，否则实习既无法充分发挥学生的主动性和创造性，也无法使学生在实践中提升价值感和感悟职业美德，从而起到思想品德教育的作用。又如，当学生进入养老院等社会福利机构实习时，义务劳动、护理等工作会使学生在实践中强化社会责任感、培养尊老敬老的传统美德。高校思想政治教育有必要渗透到学校与社会单位的教育合作中，使校外实践活动不仅成为锻炼专业技能的手段，也成为培养思想品德的方式。最后，高校思想政治教育工作应充分利用社会合作单位提供的教育资源、技术手段等。学校不是独立于社会之外而孤立存在的，学校教育工作的开展不仅仅依靠学校自身独立的系统，尤其在如今互联网时代，学校教育目标的实现既受到外部社会力量的影响，也离不开社会单位各方面的外部支持，如教育资源、物质条件和技术手段支持等。例如，高校借助各大媒体、网络平台进行思想政治教育的理论宣传和推广，以推进思政工作对社会生活的渗透；高校依靠教育科技企业提供的硬件和软件支持，在"互联网＋思政"理念的引导下完善思政慕课等线上思政课教学模式，促进思政教学与管理方式的创新；高校与博物馆、纪念馆等文化事业单位开展教育合作，通过组织学生参与深入参观、调研等社会实践，挖掘思政元素，开展红色文化教育、爱国主义教育等思想政治教育活动。

（三）优化学校教学，开展高效的思政育人活动

1. 加强高校对思政教学的重视程度

国家和高校对高校思政课程的实际重视程度直接决定着此课程的建设进度和效果。

（1）加大对专职教师队伍的培养力度

其一，国家目前虽然已实行了此课程建设情况抽检和评估制度等，但正在实施的监督制度满足不了对各高校该课程建设的真实情况进行全面了解的需要，国家及相关部门应该进一步拓宽监督渠道，丰富监督途径，如将听取正面汇报与随机核查、明察和暗访、事先通知听课与随机听课相结合等。多途径、多方面的监督有利于全面、真实地掌握高校思政课程的真实建设情况。其二，加强高校思政教师队伍的建设，尤其是师范类高校和该学科的硕士生和博士生的培养，为满足高校对专职教师的需求提供保障。其三，国家或地方相关部门要充分发挥自身在协调各高校共享此课程教育资源方面的独特作用，使该课程教育资源作用最大化。针对此问题，国家或地方相关部门要积极探索教育资源共享模式，并做好监督工作。在这方面，作者认为可以借鉴北京市的做法：开设市级高校思政课程——"名家领读经典"，这样既可以充分发挥理论学家的号召力和吸引力，使北京市的教育资源作用最大化，也可以激发大学生学习"经典"的自觉性，进而有利于提升大学生学习此课程的积极性。

（2）加强高校对思政课程的重视程度

教育部原部长袁贵仁在2015年12月份召开的全国思政课建设工作会议上强调了思政课程的重要性，但部分高校仍然只是在大方向上按照相关要求来建设此课程，未能把许多细节性的问题真正落实到位。鉴于此，高校应该从以下几个方面来落实细节性的问题：其一，保证教师数量充足，以满足教学需求，严把质量关，改变现有"大班教学"模式，实行"中小班教学"模式。其二，加大投资，配备足量的现代化多媒体教学设备，同时加强对教师进行现代教育技术培训，确保每位该课程教师都能熟练操作现代化教学设备。其三，纠正相关部门及领导对高校思政课程价值的错误认识，合理安排思政课课程时间。上课时间安排要尽量符合学生学习能力的变化规律，尽量安排在学习效果较好的上午进行，以进一步提升此课程的教学效果。其四，高校及领导要准确定位和认识实践教学的地位和作用，把实践教学真正纳入正常的授课过程。实践教学是一种涉及学校多个部门的教学形式，需要各部门给予支持和密切配合，因此，高校及领导要督促教务处、财务处、后勤处和保卫处等相关部门积极配合实践教学并提供足够的经费支持。此外，要积极创建校内外实践场所和基地。充分运用学校的资源，创建校内实践活动场所，如建立模拟法庭，方便大学生进行模拟庭审等；要加强与社会相关单位的合作，建立大学生校外实践基地，选择实践基地时要综合考虑单位性质、工作人员素质等因素，以免对实践效果产生负面影响。

2. 建设和发展校园文化

（1）高校校园文化的作用

第一，能够塑造学校的良好形象。一所学校的形象展现，对于学校外的公众来说，不仅会对学校进行表面观察，还会去感知这所学校的内在精神和文化，以此确立这所学校在公众心里的形象。因此，校园文化作为学校的内在精神和文化的集合，其中的一些优秀人物形象以及一些标志性建筑，都对公众乃至整个社会发挥着很强的示范作用，如知名教师和一些名人，以及散落在校园内的各种书画、水墨画，特别是历史名人雕塑、碑亭等文化景观。和谐的大学校园文化可以塑造学校的良好形象，提高学校的声誉和知名度，从内到外最大化展示学校良好的形象。

第二，能够对学生起到教育和导向作用。我国对高校校园文化的基本要求是必须要体现健康向上、生动活泼的内容。这是因为，健康向上、生动活泼的校园文化能够使全体大学生和高校教师员工的思想觉悟和认知能力有所提高，进而塑造和培养其美好的心灵。现如今，由于每个人身处的工作环境、家庭环境和社会环境不同，因此会对他们的人生观、价值观以及世界观造成不同程度的差异性。再加上如今经济全球化的快速发展，市场经济的冲击，信息时代给全体社会成员带来了形形色色的信息的同时，也使其受到了一些低俗文化思想的负面作用，随之也出现了一些不良现象。这些都需要发挥校园文化价值取向的导向作用对其进行引领，启迪着他们的思想行为，从而使其树立正确的人生观、价值观、世界观，这强烈地体现了校园文化价值取向的导向功能。

第三，能够不断提升高校本身的文化品位。对于学校来说，其校园文化品位主要会在学校的办学理念、学习氛围、学术水平、管理氛围、校风等方面体现出来。学生在校园里最便于体验的就是学校的文化品位，学校所展现出来的文化品位越高，就说明学校的水平越高。并且，文化品位会构成一种无形且强大的力量，在学校的方方面面渗透开来，在潜移默化中影响着全体成员的文化品位，对其产生一种其他专业课程无法比拟的深刻的影响。因此，建设完善的校园文化，可以使学校的文化品位得到不断的提高。

（2）营造民主氛围

在校园文化中营造民主氛围，就是要让高校重大决策的透明度、公开性大大增加，大学生和高校教师参与重大决策的讨论应当广泛征集或采纳，使大学生和高校教师的声音和意愿更好地在高校的重大决策中得以真实准确地反映；还可以建立畅通学校领导与大学生和高校教师间的联系渠道，如实行校长网上接待日，设置大学生和高校教师监督岗、长期设立意见箱等，通过这些措施双方可以充分交流意见，进一步激发大学生和高校教师的精神动力、主人意识与归属感。

同时，要按照民主的原则来组织具体的校园文化活动和社团活动，处理问题、解决事情也要通过民主程序，这样使学生的民主观念得到训练和培养。民主氛围的营造，是大学生和高校教师在建设和发展校园文化中积极参与的基本条件，也是建设和发展校园文化使其平稳推进的重要保证，因此，下大力气营造浓厚的民主氛围是必要的，大学生和高校教师精神世界的丰富也需要以此为依托。在建设和发展校园文化中要充分发挥大学生和高校教师的作用，鼓励学有专长的教师以导师身份参与到校园文化活动中来，帮助学生编排健康有益的文化体育活动，善于将传统节日、重大事件等元素融于其中，经常给予学生指导或建议，不断提高校园文化活动品质。与此同时，要增加这些活动对学生的吸引力和感染力，使越来越多的大学生愿意加入校园文化活动队伍中来，这不仅可以让学生从中得到锻炼，还可以让学生的精神世界不再空虚，进而全面提升校园文化建设水平。

(3)建立健全校园文化设施

校园文化设施先进且齐全，校园文化环境优美且恬雅，为校园文化活动井然有序地开展创造了便利的物质条件，也标志着整个学校文化建设与发展的水平。因此，校园文化设施的建立健全和校园文化环境的构筑，是校园文化建设过程中不能遗漏的重要组成部分。高校要加大有关方面的资金投入力度，使各类文化设施不断完善，如图书馆、校史馆、电教馆、实验室、音乐厅、学术报告厅、体育馆、计算机中心、博物馆等，利用这些场所来开展具有不同意义又多姿多彩的校园文化活动，使大学生的精神文化生活需要得到满足，进而丰富他们的精神世界。

同时，还应对校园进行合理布局，在美化校园中形成自己独特的文化向心力，使大学生在一个共有的精神家园学习生活。可以从对学生情操的陶冶和综合素质的提高视角出发并结合高校自身发展的历史变迁情况进行合理布局，搞好校园景观建筑、做好园林绿化、完善教学楼、宿舍、图书馆等场所，让整个校园散发出迷人芳香、充满青春活力，成为一个既美观舒适又和谐宁静的校园生活圣地，用这种方式感染和影响着每名学生，从而达到无声胜有声的育人目的。

(4)坚持显性教育与隐性教育相结合，营造文化育人氛围

以文化人、以文育人是抵御西方意识形态渗透的必然选择。武汉大学依托校内红色遗址、重要时间节点、校园文化精神等，打造历史、艺术、自然三大博物馆群落，形成了具有武大特色的文博长效育人机制及高端文化育人平台。把中国特色社会主义文化作为重要的教育要素和教学资源，感染学生、贴近学生，引起大学生对于文化精神的共鸣，是提升高校思想政治教育工作的亲和力和感染力的有力举措。营造文化育人氛围可以加强大学生对中国传统优秀文化、革命文化和社会主义先进文化的认同，树立文化自信，培养文化自觉，成为高校全方位思政育人体系的力量源泉、精神滋养。打造高校全方位思政育人体系，要求坚持显性教育与隐性教育相结合，打通文化育人脉络。首先，要利用显性文化资源，优化校园环境。不仅在校园雕塑、园林设计等实体资源的设计和建设中融入中国特色社会主义传统文化元素，活化传统文化意蕴，更要在本校图书馆、校史馆或宣传栏设立文化角、张贴海报等，结合本校校史、荣誉校友的真实事迹对学生进行熏陶，而且要充分发挥地方优势，建立红色文化教育基地，深化校地合作，以当地革命遗迹、博物馆为依托，鼓励学生在实景中感受文化激荡。其次，要激活隐性文化资源，培植校园精神。一所学校的校训、校歌体现着该校的办学特色和历史使命，积极引导学生自觉参与融入校训、校歌的编写，有助于塑造学校师生向上、求知、求进的精神面貌。同时，定期聘请国学专家、革命前辈开展主题讲座，在

节庆纪念日时段开展形式多样的文化活动，在潜移默化中输出思政教育内容。

(5) 构建"一体两翼"的文化育人体系

第一，实施体系。实施体系是新时代高校文化育人体系中的主体和核心，离开实施体系，新时代高校要实施文化育人就寸步难行。因此，新时代高校构建文化育人体系，首先必须加强结合自身人才培养定位，加强文化育人实施体系相关要素研究，集合适合本校特点、专业特点的实践要素，以此构建文化育人实施体系。

第二，保障体系。保障体系主要包括制度保障、组织保障、队伍保障。制度保障主要是高校党委、行政部门要从新时代党和国家对人才培养的特殊要求的高度，作出相应的制度性安排，做好人才培养方案的顶层设计，将文化育人落实到人才培养的各个环节，从制度层面保障文化育人体系的构建和落实。组织保障主要是通过制度设计调动全校各方面主动参与文化育人的积极性，明确各个层级在文化育人中的职责，做好文化育人实效的考核和评价，使文化育人的各项工作落到实处。队伍保障就是建设一支满足文化育人要求的教师队伍、管理队伍、服务队伍，以及建设学生文化社团骨干队伍等，文化育人的实施依靠不同使命的队伍去完成，队伍建设就是加强以上各支队伍的文化育人意识、文化育人自觉、文化育人水平。

第三，评价体系。评价体系就是对文化育人效果进行评价，同时，通过评价建立反馈机制。通过对文化育人体系的实施效果进行评价，督促文化育人实践的持续改进。评价体系可以纳入思想政治教育评价体系的范畴，因此，在思想政治教育的实践工作中，一定要牢固树立"大思政"的理念，突破狭隘思想政治教育观念的束缚。

(6) 加强校园网络文化建设

①引导学生正确利用网络文化。所谓的引导也就是启发诱导，是指教育者运用"提出问题—分析问题—展开讨论—统一思想"的思路，引导受教育者积极运用头脑进行思考，并通过思想碰撞和比较分析使受教育者学会透过表面现象探究事物内在的必然联系；通过对事件正反两方面的解析使教育对象学会用全面的观点来看问题，能够在面对诱惑时保持谨慎，面对挫折时勇往直前；通过开导受教育者改变原来狭隘短浅的认识，学会在看待问题的时候使用全面的、发展的、联系的观点，来拓宽受教育者的视野、拓展其思维；通过用已知的事实作为依据，使受教育者认识到不良思想导致的严重后果，以达到放弃原有的错误想法，从而走向正确思想轨道的目的。

②培养校园网络文化建设的管理人员。网络迅速发展的社会背景下，培养一

支具备较高政治理论素养且精通高校思想政治理论课传授工作、网络技术的校园网络文化管理人员,是利用网络文化开展传授工作的保证。传授主体需要积极参与理论学习、实践锻炼,从而使自身具备较强的信息分辨意识、高超的信息处理能力、高尚的信息伦理道德,增强自身的信息素质,使自身符合校园网络文化建设管理人员的要求。

③以马克思主义为指导进行网络文化建设。校园网络文化建设应坚持以马克思主义科学理论为指导,坚持正确的价值引导。传授主体在网络工作中要坚持教育和引导的正确性,积极宣传党的正确方针政策,在国内外大事描述和评论上、对西方社会思潮的辨识和批判上,坚持道德底线、法律底线、政治底线,并致力于弘扬优秀的民族文化,使得接受主体在这一系列的高校思想政治理论课传受活动中进一步树立民族认同感和自豪感,提高自身的思想素质,提高接受效果。

④搭建高校思想政治理论课接受网络文化体系。加强网络服务于传受活动的功能,必须做到以校园网主页为主体,各部门的特色网页为基础,构建全方位、立体化的网络文化体系,通过"新闻专题""时事政治""红歌点播""主题活动""名家点评"等栏目,建立积极向上的校园网络文化氛围,增进接受主体对校园网络文化的关注,并以此为基础及时报道高校思想政治理论课传受活动最新动态,积极引导接受主体参与其中,将校园网络文化与高校思想政治理论课传受活动相融合,以"润物细无声"的方式进行传授活动。

⑤加强校园网络资源的管控力度。要保证校园网络资源的"纯洁",不被杂七杂八的不良思想所"玷污",高校应设立专门的岗位对网上各种信息进行筛选、整理,重视网络体系的日常维护,从而推动网络管理体系的健全发展,同时,努力建设一支整体素养较高的网络管理队伍。对于网络管理员的培养,要着重选拔一批熟悉新闻宣传、掌握网络技能、有网络管理经验的人员。这些管理员对信息的采集质量,直接关系到在校成员对当下时事变动情况的了解程度,以便能够与时俱进地进行教学目标的制定和确定个人综合素质提高的方向。

3. 优化校园运动休闲区的环境建设

运动休闲区是学生放松身心、缓解压力的主要场所。大学生除接受课堂教育、受教学区环境的熏陶外,大部分的时间也会处在运动休闲区环境的影响之下。运动休闲区内的建筑布局、精神氛围、教育活动等环境要素,必然对学生的教育起着重要的作用。

(1)优化运动休闲区的空间布局

亨利·列斐伏尔(Henri Lefebvre)在《空间的生产》中向我们表达了对于空

间的看法，即空间不仅仅是社会关系变化的"容器"或"平台"，还是文化的另一种表现形式。据此，可以认为校园空间是校园文化的表现，甚至它就是文化。校园内的连廊和庄严的列柱也将是对学生教育的一部分，花园里的每块石头都能向学生传递校园精神。无论是哪种类型，都必须以整体性和连续性为原则，进行空间环境布局的改造。整体性原则就是指在设计时应该有统一的思想精神，周围所有的环境布局都应该以此为出发点进行建设，这样可以使学生更加明确学校所传递的思想精神。连续性原则是指思想精神在空间环境布局上的分布应该是连贯的，不能只在校园的一个或几个地方体现思想政治教育精神内涵。教学楼的教室是大学生接受思想政治教育最多、最频繁的一个场所，我们应该在其他的校园空间环境中将其延续下去，可以是温馨友爱的宿舍、使人振奋的广场，也可以是宽敞整洁的小路、清澈明亮的湖水。因此，必须优化运动休闲区的空间环境布局，既要体现校园建筑的审美情趣，也要体现时代脉搏，更要体现校园精神，使学生无论是在课堂内还是课堂外，都能受到环境教育的熏陶。

（2）完善运动休闲区的"教育链"

大学生的学习任务相对高中来说有所减少，这为学生参加课外活动提供了充足的时间。完善运动休闲区的教育链就是指使学生通过对校园活动的深入了解和学习而形成的对该活动的进一步认识，从而形成一种情感上的认同，而不仅仅是停留在这场活动举办的表层意义上。因此，对大学生的教育要由无到有、由浅入深，使学生形成系统的、切实的思想逻辑。比如，学校举办足球比赛，大多数高校都提倡竞技体育，宣扬体育精神，但往往都忽略了足球比赛带给学生情感上和认知上的变化。笔者认为一场足球比赛的真正作用在于育人，学生通过一次活动体会到的不仅仅是竞技场上的体育精神，更多的是对体育精神的延伸，最后落实到体育活动育人的角度上，形成一个完整的教育链条，这才切实适合高校对学生的培养目标。当然，形成一个完整的教育链条需要校园活动的组织者做好活动前期和活动后期的统筹计划工作，为学生提供深化自身思想意识的机会和平台，比如组织学生进行赛后反思、邀请专家或专职教师进行专题讲座，使学生充分意识到每一场比赛背后所蕴含的意义，这样才能帮助学生树立良好的思想意识。

4. 优化餐饮起居区环境

餐饮起居区是学生课后生活的主要组成部分，是学生思想政治教育的重要载体。餐饮起居区通过优化思想载体，组织文化活动，不但可以推动大学生餐饮起居区文化建设，而且对思想政治工作的开展、学生凝聚力的提高有极大的推动作用。

（1）餐饮起居区设施要体现出思想载体的作用

餐饮起居区环境建设投入到位是切实加强学生思想政治工作的基础，高校要高度重视餐饮起居区环境的改善。

首先，要重视"自然环境"建设，保持楼体外部环境和内部环境清洁舒适。例如，楼外的绿化美化、楼内张贴的壁画标语或名言警句等能传递给学生不同层次的思想，这些都能营造良好的思想氛围，发人深思，助人自律。

其次，要重视硬件基础设施建设，使学生学习、生活更加便利和舒适，提高学生幸福指数。例如，改善教学设备，并提供洗衣房、医疗室、微波炉等配套设施，从实际生活中解决学生困难，给予学生便利，让学生在学校内感受到家的温暖，从情感上达到"润物细无声"的效果。

最后，要重视文化基础设施建设，满足学生在餐饮起居区内业余活动的需要。例如，加大学生阅览室、自习室等附属设施的投入力度，为校园文化活动向餐饮起居区延伸提供一定的物质条件，这不仅是思想政治教育的要求，也是学生自我发展和健康成长的需要。

（2）餐饮起居区休闲活动要陶冶学生情操

餐饮起居区是校园思想政治教育的重要组成部分，餐饮起居区的教育活动既要紧跟时代潮流，把握时代脉搏，又要陶冶学生情操，紧贴学生生活实际；既要体现学校特色，又要保证形式丰富多样，这样才能满足学生日益增长的物质文化需要和精神需要。

例如，可以在公寓楼内开展大学生公寓文化节，包括感恩教育、团结互助等一系列主题活动，既贴近学生生活实际，又帮助学生树立正确的思想观念；可以围绕大学生关注的热点问题，举办各种讲座、演讲等，既能够让学生积极主动地学习，又能锻炼其表达能力；可以举办文艺会演，让学生发挥所长，学生在展现自身风采的同时也提高了自信；可以组织学生参加各种社会实践，积累社会经验，学以致用，自觉建设高层次的餐饮起居区文化。总之，餐饮起居区的活动要以学生为主体，以学生的思想情感为主线，以陶冶学生思想情感为目标，积极营造适合学生发展的思想政治教育环境。

四、思想政治教育与学生党建相结合

（一）高校学生党建与思想政治教育协同发展问题分析

高校思政工作者需要紧跟时代发展步伐，积极学习，勇于创新，更好地推动党建和思想政治教育协同发展，在新的历史时期开创协同育人的全新发展观。

1.高校学生党建与思想政治教育协同合作依存度不高

现阶段，有些高校基本上实现了两者在目标和内容上的一致，不过党建和思想政治教育工作之间没有形成和谐共赢的发展态势，两者各司其职，不能有效配合。在很多高校当中，党建工作的负责部门是组织部，日常工作是组织培训或是进行考核等，而思想政治教育工作主要由辅导员和专业老师来负责。在党务工作的开展过程中，很多负责思想政治教育的工作者对党建工作漠不关心，并不想参与到党务工作当中，对其也不重视。在他们看来，党建工作主要是组织部的事，组织部应该全盘负责，正是因为这种认知，很多工作都是形式大过内容，虽然在学生中发展了很多党员和积极分子，但是他们的先锋作用并没有发挥出来。有些老师则是将主要的精力放在自己的专业领域，重点进行科研工作，而辅导员则每天都投身于繁杂的日常事务处理中，也没有时间再关注党建工作。在这样的情况下，高校党建工作开展并不顺利，与思想政治教育也没有能够协同发展，合作平台一直没有搭建起来，所以在人才培养方面没有太大的业绩。

2.高校学生党建与思想政治教育协同创新愿景不足

在互联网高速发展的今天，大学生不管是学习和生活都和网络息息相关，他们的思维方式也因此发生了很大的变化。在新媒体广泛应用的今天，传统的教育模式已经不适用时代发展的需求，改革势在必行。不过现在的很多高校，依然采取传统的方式进行思想政治理论传授，老师在讲台上讲，学生在下面听，这种方式比较枯燥，学生的积极性无法得到调动，他们也不想参加到这类实践活动当中，所以思政课的效果也并不理想。

3.高校学生党建与思想政治教育协同治理监督不完善

在从严治党的影响下，高校开展党建工作也有了新的目标和要求，相关的制度开始完备，组织结构更加优化，党建工作开始正视培养学生党员的重要性，很多学生党员也脱颖而出。不过，需要认识到的是，我国很多高校党务工作者较少，虽然辅导员也会随时帮忙，但是辅导员自身也有工作需要完成，所以大多数工作都是由党务助理来完成，这就使得党建监管工作形同虚设，他们无法针对党员进行有效教育，所以很多党员自身没有很强的党组织意识，就导致了学生党员在某种程度上不能起到模范带头的作用。

（二）高校学生党建与思想政治教育协同育人的运行基础

高校想要培养出优秀的人才，行之有效的办法就是实现党建工作和思想政治教育的有机结合，充分发挥党建工作的引领作用，重视对广大大学生开展思想政治教育，两者可谓是相互配合，缺一不可，唯有如此，育人工作才能开展得比较顺利。要想落实到具体工作当中，高校应该积极把握党建工作和思想政治教育的共通之处，两者之间的关系联系密切，使得两者可以协同共进，步调一致。

党建工作和思想政治教育之间的统一性主要体现在以下三个方面：第一，发展目标能够保持一致。不管是党建工作还是思想政治教育工作其实都是坚持马克思主义思想，其发展目标就是实现立德树人，为社会主义现代化建设培养合格的接班人。第二，工作方法基本类似。党建工作和思想政治教育都是围绕"人"展开的，都重视对学生的教育，目的性强、方向一致，充分发挥教育的力量，帮助学生在大学时代树立正确的世界观、人生观和价值观。第三，教育内容大同小异。两者的主要教育内容都包括理论学习、道德修养提升，也会对学生进行爱国主义教育，可能根据学习对象的不同，相关教学内容会有一些差异，不过总体上是保持一致的。

党建工作和思想政治教育工作可以相互配合、互相促进。学生党建工作的核心和要点就是坚持党的基本路线不动摇，在高校落实党的各项方针政策，这也可以为后续开展思想政治教育工作打下牢固的基础。然而，好的思想政治教育工作可以提升学生的认知能力，让他们更加主动和积极地向党组织靠拢，为党组织培养更多的优秀人才。从这个角度来说，思想政治教育为党建工作的开展提供了坚实的保障，而党建工作则是对思想政治教育的再度拓展和全面升华。正是因为有了思想政治教育这个坚实的基础，学生党员才能更好地掌握各种理论知识，提升思想认知，充分发挥出党员带头作用。党建工作的开展也能为思想政治教育指明发展方向，可以提升学生的思想高度。从这个角度来讲，内部打造协同育人体系，将党建工作和思想政治教育囊括进来，可以保持高校的社会主义发展方向，有助于高校积极创新，也能落实从严治党的相关要求，为高校的未来发展铺就一条康庄大道。

（三）高校学生党建与思想政治教育协同育人的有效路径

高校在开展思想政治教育协同育人方面需要突出重点和难点，紧跟时代发展的步伐，坚定不移地落实"立德树人"根本任务，在工作方法的选择上不必墨守成规，可以机动灵活，旨在更加高效与高质量地完成协同育人工作，打造多元化、多维度、全方位、同向同行的育人新格局。

高校开展思想政治教育工作的根本宗旨和原则就是教书育人，因此要在校内打造完善的协同育人机制，积极探索发展新态势。在这个基础之上，高校要打造完善的思想政治教育协同育人机制，帮助学生提高认知水平，将"三全育人"的理念在真正意义上落到实处。教师结合学校的实际情况，推动高校党建工作更快更好地发展，同时要重视落实思想政治教育工作的监督职能。高校需要对当前的组织结构进行优化与完善，积极配置各种教育资源，加强人才培养力度，落实统一领导，将各方面的统筹协调工作都——安排好，这样才能为协同育人工作的开展提供坚强的支撑。

高校要合理把握学生的思想动态，有目的地、有针对性地开展协同育人工作。高校要对学生的思想发展动态情况进行及时把握，可以多多关注学生的微博、QQ动态等，对其中的各种思想问题进行收集、梳理和分析，及时掌握学生的情感波动和思想变化情况。在这项工作完成之后，需要对比学生党员的各项数据，对学生思想波动的深层次原因进行研究，最终制定出有针对性的教育方案，为心理波动较大的学生开展思想教育与辅导，争取防患于未然，提前将问题消灭在初始阶段。

高校要积极发挥朋辈引领作用，以具有亲和力的方式开展协同育人工作。大学生处于一个群体当中，所以在平时的工作和学习中会很大程度上受到朋辈的影响，因为他们属于同龄人，也有着类似的兴趣。在某种程度上，来自朋辈的影响力可能更大，远超过父母和老师。因此在思想政治教育工作的开展中，可以为大学生树立榜样，让他们发挥出积极的影响和作用，以具有亲和力的方式推动党建工作开展，更好地提升思想政治教育水平。高校要对当前的育人形式进行调整，以先进理念指引协同育人工作发展。在网络时代，大学生的学习和生活都和网络有着密切的关系，他们的思想和行为也会或多或少受到网络影响。高校思想政治工作也应该认识到这个情况，充分发挥网络的作用，对当前的传统教育模式进行合理调整，打造新的教育阵地，以大数据为载体对学生的思想、诉求情况进行了解与分析，多措并举地保证协同育人工作的先进性和科学性。

高校要坚持理论联系实际，保证协同育人教育工作具有充分的实效性。高校之所以要开展党建工作就是为了从思想政治的高度对学生进行教育，提升他们的认知水平，当真的遇到问题时才能以正确思想指导实践。高校之所以要开展思想政治教育工作，就是为了可以更好地理论指导实践，这也为党建工作的开展打下了坚实的基础。任何培养人才工作的开展都不能忽视实践的作用，大学生的思想政治教育工作更是如此。

高校要在协同育人的过程中增加爱国爱家的内容，对大学生的世界观和价值观进行正确引导。教师将思想政治教育工作和实践结合起来，可以对当前的教育工作进行丰富与完善，让协同育人更有针对性、目的性和实效性。教师引导和鼓励大学生将来更好地为人民服务，为国家发展添砖加瓦。

五、促进学生心理健康教育与思政育人体系相结合

（一）心理健康教育与思政教育两者的契合点

1. 教育目标的一致性

校准学生的政治航线，培养正确的三观，让学生具备正确的生活方式与科学的思维方式是高校思政教育的目标。塑造学生人格、得到心理和生理的统一、优化心理品质是实施心理健康教育的目标。虽然高校思想政治教育与心理健康教育的直接目标不尽相同，但两者的本质都是以大学生为主体，为实现"中国梦"培养出更多的高素质人才，更好地帮助大学生群体用科学的方式方法解决意志、情感、认知方面的问题，提升其知、情、意、行等能力和素质结构，助力大学生群体健康成长。

2. 教育内容的共通性

毋庸置疑，心理健康教育常常被忽视主要是因为它与其他学科教育内容具有很大不同。心理健康教育以人为对象，是情感的主导观念和理论的统一。心理健康教育的内容涵盖了教育学理论、心理学，同时还包含了人们日常生活中的内容。心理健康教育是为社会主义建设服务的，所以在很大程度上决定了其所具有的意识形态性质。立足于教育内容来说，其包含了以社会主义核心价值观为主导的一系列心理健康观念。思政教育是一种意识形态的教育，以人为主要对象，培养国之栋梁和社会主义建设的接班人是思政教育的主要目的。由此可见，两者都是关于人的科学。从教育内容方面来说，思政教育内容中包含了品德、意志、理想、信念等，是一个系统的整体，与心理教育观念具有一定的共通性。思政教育和心理健康教育两者都符合意识形态和社会主要的价值观念，并且都是通过传播社会主义意识形态，实现全面育人的目的。

（二）心理健康教育在高校思政教育中的作用

1. 有助于提升思政教育的科学性

思想决定了行动，学生的心理活动和规律决定了其思想活动。受多种因素的掣肘，高校思政教育在很大程度上忽视了学生心理规律、发展规律和主观能动性，

心理教育弥补了上述缺陷。伟大哲学家马克思在实现人的全面发展理论当中提出了要充分发展人的自主性，因此高校在助力学生全面发展的过程中，要尊重学生的心理规律和发展需求，发挥其主观能动性，通过多措并举的方式让学生的潜能得以被最大化激发，在实践中助人自助，不断完善自我，实现自我价值。所以，将心理教育恰如其分地引入思政教育能促进教育科学性的提升。

2. 有助于提升思政教育的预见性

众所周知，教师在思政教育中要预测学生的思想行为倾向，对其进行针对性教育。然而受传统教育观念根深蒂固的影响，传统思想教育存在"重灌输、轻疏导"的倾向，在很大程度上忽视了学生的情况，教育缺乏预见性。思想是行为的先导，对学生而言，思想行为与学生的心理状况息息相关，思想行为是对学生心理活动的反应。在高校思政教育中渗透心理健康教育有助于教师根据学生思想状态和心理状态预测其行为，实施针对性教育，因此将心理健康教育恰如其分地引入思政教育中，可以让教师摸清学生的心理状态，了解或分析其思想困惑，对学生行为发展规律进行把握，可从整体上增强思政教育的预见性。

（三）心理健康教育融入思想政治教育存在的主要问题

高校心理健康教育经过20年的发展和改革，现已取得一定的教育成效，但由于受到教育观念相对落后、教育模式相对传统、教育方式相对单一等多种因素影响，心理健康教育目前仍存在服务管理体系不健全、课程教育体系不完善、实践教育体系不丰富、心理健康教育质量监控体系不科学、心理危机干预体系不协同、心理健康教育队伍不成熟等各种问题。作为思想政治教育的重要组成部分，心理健康教育在融入思想政治教育的过程中，目前还存在以下问题。

1. 系统构架不够清晰

心理健康教育属于"大思政"系统中的子系统，对高校思想政治教育系统有效运行发挥着积极的作用。目前，高校对心理健康教育的重视度较高，但大部分高校仍存在心理健康教育部门归属不明确、工作主渠道单一、工作系统运作不畅等问题。在部分高校，心理健康工作仍然只属于少数部门和心理健康专任教师的工作范畴，没有配套的系统组织构架，缺乏制度保障和经费支持，各部门之间独立运作，工作职责不清晰，工作流程不规范，遇到问题要么多部门插手管理，要么各部门相互推诿，育心育德工作只能流于形式，协同度不够，无法系统性开展。

2. 课程思政改革不够彻底

《高等学校课程思政建设指导纲要》指出，"高等学校人才培养是育人和育才相统一的过程。建设高水平人才培养体系,必须将思想政治工作体系贯通其中,必须抓好课程思政建设"。心理健康教育要保持与思想政治教育同向同行,就要注重在课堂上实现价值引领、知识传授和能力培养的有机统一。目前,各大高校的大学生心理健康课程都在积极进行课程思政改革,但由于教学顶层设计不清晰、教学目标不够明确、教学体系不够完善、教学内容"思政+"元素挖掘不够深入、配套教学管理服务体系没有跟上等原因,课程在心理健康教育、思想政治教育、职业教育这三方面的融合度还不够高,课程的教学效果无法落到实处。

3. 实践活动不够深入

要增强思想政治教育的隐性成效,加强价值引领在学生思维行为方面的渗透作用,就要努力提升实践活动的深入性。作为课程与学生实际生活之间的纽带,实践教育是课堂教学内容的拓展和效果检验,更有助于学生良好品德的形成。目前,各高校开展的心理健康活动在形式和内容上都较为丰富,但缺少与课程内容的有效结合,很多实践活动的应用场景也与现实生活关联度不大,理论与实践严重脱节。同时,由于很多实践活动的设计环节没有考虑思政因素,活动目的和活动过程中没有很好地嵌入价值引领,更重要的是活动目的更重视育心效果,忽略了育德效果,因此对学生的品德提升帮助不大。

4. 育人效果评估机制不够健全

思想政治教育是显性教育与隐性教育的结合,显性教育的教育效果较为可测,而隐性教育的教育效果缺乏动态、客观、定量的评价机制。心理健康教育在评价机制上遇到了同样的问题,教育目标是否达到,教学效果如何,学生的差异性体现在哪些地方,学生的心理状态和思想状况到底怎样,这些问题都缺乏有效的评估标准。目前,各高校在学生心理状态评估方面的常规操作是在新生入校时进行心理普查,并筛查出特质学生反馈给班级辅导员进行特别关注。这种方式虽然能在一定程度上对学生的心理健康状况作出粗略评估,但由于缺乏对积极品质的关注,因此对学生心理素质的培养帮助不大。同时高校在对学生展开心理健康教育的过程中,缺乏动态的育人效果评价机制,很难掌握学生在教育前后的发展变化,也就没有办法根据学生的状况对教育教学活动进行及时有效的调整。

5. 危机干预机制不够协同

青年具有思维多元化和群体聚集化等特点,高校作为青年思想政治教育的重要阵地,需要及时把握学生思想动态,对突发事件有清醒的预判能力,对学生的异常心理及思想状况进行有效监控,防止危机事件的发生,维护校园及社会环境的稳定和谐。目前,各高校都非常重视学生的心理危机干预工作,也较为重视心理危机干预及联动机制的构建,但在实践过程中仍存在各部门独立运作、协同度不够、缺乏沟通的平台和媒介、缺少可操作的预警指标及评估机制等问题,造成在工作中职责不清、相互推诿的现象,对学生的心理问题没有做到及时跟踪和反馈,致使德育工作跟进相对滞后,无法真正预防和监控学生心理危机事件的发生。

6. 队伍建设不够完善

高校思想教育工作队伍是构建思想政治教育工作体系的重要组织保证。高校思想教育队伍原有的构成主要包含学校党政部门干部、共青团部门干部、思想政治理论课教师和辅导员等,而心理健康教育队伍的构成主要包含心理健康中心工作人员、心理健康专任教师和心理咨询人员等。两种教育方式各有优势,也各有不足,要达到更好的育人效果,需整合两支队伍的力量,将心理健康教育的方式方法融入思想政治教育工作中,将思想政治教育的价值引领融入心理健康教育中。然而实际情况是,各高校心理健康教育队伍和思想政治教育队伍在开展工作的过程中要么重合度太高、混为一谈,要么各自为营、相互平行,交集不多,因此急需寻找到一条取长补短、有机结合的新途径,共享平台、同向同行。

(四)心理健康教育在高校思政教育工作中的实施路径

1. 着重加强顶层设计,确保两者相互渗透

为实现思政教育与心理健康教育两者的融合,最大化地发挥两者的协同育人教育,高校要瞄准两者的优势,加强顶层设计,全面谋划。首先,高校要从思想上正本清源,固本培元,打破传统思政教育和心理健康教育的桎梏,认识到在高校思政教育中实施心理健康教育的重要性。坚持以生为本,从大学生群体的心理需求入手,全面谋划,整体设计,科学规划心理教育,疏导学生,减少突击式心理辅导和长久堆积的问题爆发。其次,高校思政教育工作者要深化对"心理育人"的认识,结合实际,重点加大资金投入力度和资源配置力度,进而为顺利有序地在思政教育中实施心理健康教育奠定良好的基础,确保心理健康教育真正落到实处。最后,高校在思政教育教学安排过程中,要结合实际,科学地设置课程内容和课时,多管齐下,将思政教育与心理健康领域知识融合在一起,在发挥两者优势的同时,还能进一步弥补两者各自的不足。另外,在高校思政教学中开展心理健康教育,教师要发挥学生的主观能动性,提倡和鼓励学生多参与院系举行的各种团体活动,让学生在丰富有趣的活动中保持积极向上的心情,提升自信心,夯实全面健康发展的基础。

2. 深入挖掘心理素材，不断丰富教学内容

在思想政治理论课教材中加入自我认知、人际交往、个性心理、生涯规划等方面的知识，可以提高学生对心理素质的重视，有利于学生形成健全人格。在思政课堂教学中，也可以遵循心理学中的一些规律开展，如首位律和新奇律的运用。遵从"首位律"时，教师在新课前可以将思政教育观念阐述出来，激发学生学习欲望，引导其投入课堂教学中，然后再对此观点进行讲解、分析、阐释、联系，从而有效引导学生。"新奇律"强调的是，在同一系列不同观点中，首次提出的观点比那些已被人熟知的观点更具说服力。如果一个观点能在时间上使人产生新鲜感，在空间上使人产生亲近感，就容易被接受。所以，在思想政治教育中可以采用新鲜的、特别的方式来阐明观点。或用一些近来发生的新鲜事例对知识点进行说明，从而唤起学生的好奇心和求知欲，发挥其主观能动性，主动参与课堂教学。

3. 评测学生的心理状况，丰富德育工作资料

心理健康教育与思想政治教育的根本任务都是立德树人，要把立德树人的教育理念贯穿教育教学活动的各个环节，构建卓有成效的高校思想政治工作体系，就要了解当代青年人的所思所想、心理需求以及价值取向。心理健康教育作为德育工作的重要组成部分，除了传播心理健康知识，提升学生的心理素质，还有一个重要的功能就是为其他的德育工作提供第一手资料和技术支持，使思想政治工作更具针对性和有效性。因此，要积极做好学生思想动态的跟踪及阶段性调查，制定学生心理品质发展变化的重要指标，及时反馈学生的心理行为特征和发展状况，为实施德育工作提供第一手资料。

4. 优化革新教学方法，增强科学性、预见性

思政教育和心理健康教育是两个不同的理论技术和学科背景的学科，思政教育以马克思主义基本理论、马克思主义中国化理论等为基础，基于此衍生出不同的教学内容。作为一门交叉学科的心理健康教育涵盖了教育学、心理学等学科教学资源，所以在教学中应采取不同的教学策略，尽管心理健康教育和思政教育两者在教学目标、教学方法、教学内容方面具有一定的差异性，但是两者具有一致的教学目标，就是培养高素质复合型的时代新人。基于此，在高校思政课堂教学中教师要瞄准契机，将心理健康教育方法有效地应用到思政教育中，促进思政教育预见性、科学性、实效性的增强。比如，教师可以将心理健康教育中的心理测量法、对话法等应用到思政教育中，为课堂注入新的活力，提升课堂质效。心理测量法主要是根据教育对象心理情况所设计的心理量表，依托量表对学生心理状态进行测评。在高校思政教育创造性地运用对话法和心理测量法，一方面可以了解教育对象的心理变化和心理需求，根据教育对象的实际情况进行针对性教育，增强思政教育的有效性和针对性；另一方面，还能实现师生的平等交流、沟通，让学生真实地感受到教师的了解和关注，最大化调动学生学习的积极性，引导其主动投入课堂教学中。目前我们正处在信息时代。教师在思政教育中可借助信息技术的"东风"不断创新教学手段。纵观当前有部分学生受年龄的掣肘，在遇到心理问题的时候，碍于面子不愿意诉说。而要打破这种困境，教师可将思政教育依托于信息技术，借助两微一端，与学生进行线上交流活动，在交流中教师要倾听学生的心声，缓解学生紧张的心理，化解其心中的苦闷，树立对生活和学习的积极性。此外，教师在思政教育和心理健康教育融合的过程中，还可以借助各种现代技术，为学生播放与心理健康教育和思政教育信息相关的视频。同时，还可利用互联网上的远程教学优化教学质量，促进课堂教学质量的全面提升。

5. 广泛开展心理活动，革新思政教学形式

为解决心理健康教育枯燥无味的弊端，教师要从学生的实际情况入手，将理论知识与多元活动融入心理健康教育活动中。对此，教师也可在思政教育中引入心理咨询，深入剖析大学生心理，针对性指导其主动学习思政教育内容，促进思政教育质效的提升。从学生层面来说，可以根据自己的兴趣爱好，参与学校的心理游戏、主题文化活动、校园社团活动，进而在寓教于乐的活动中，将感性主义与理性思想融合起来，达到"心育"与"思育"的目的。教师要打破传统思政教育的藩篱，定期组织学生到特色展馆、各类博物馆、爱国主义教育基地中，让学生身临其境，进行思想和心理的熏陶和感染。为革新思政教育形式，还要构建心理健康教育专项课题，借助课题形式，引导学生在自主申报的过程中提升学习能力。对此，教师可以采用小组合作、翻转课堂模式，教师讲授与自主学习有机结合的方式，促进课堂教学质效的提升。

6. 加强教师队伍建设，提升其心理健康素质

教师队伍的专业化和规范化水平是育人效果的重要保证。高校思想政治队伍建设是一个系统工程，必须挖掘各个队伍的资源进行优化整合，才能形成强而有力的教育合力。心理健康教育者要加强自身的道德修养和责任意识，用马克思主义理论武装头脑，坚持社会主义核心价值观，坚定社会主义理想信念；德育教育工作者也要加强心理学知识的学习，增强自身的沟通意识和心理辅导能力，更好地尊重和引导学生，开展思想政治教育工作。要调动全员育人的主动性和积极性，就要对心理健康育人队伍和思想政治育人队伍进行融合和整体打造，改变独立运

作工作模式，相互学习，共同提升。

7. 注重教学实践，帮助学生解决实际问题

从思政教育的角度来分析，实践教学工作的开展主要就是引导学生通过实地体验、观察进入实践教育基地，让学生在生动有趣的实践活动中形成有效的认知，深化其对知识的体验。从心理健康教育的角度来分析，思政教师在开展实践教学中，可从学生的实际心理问题和心理障碍入手，依托信息技术，构建心理健康咨询线上沟通教育平台，或是成立心理咨询室，通过这样的举措，为学生提供一个私密且具有针对性的心理咨询服务，化解其心理的困境，解决其心理问题。为最大化发挥思政知识在心理课程中的作用，教师可带领学生下社区宣传心理健康知识或是组织学生做心理健康宣传海报等，深化其对心理健康教育的认知，帮助学生培养会认知、会做事的良好品质，相应的教师也会提升思政教育的实际应用价值。

另外，通过实践活动可以促使学生自觉有效转变行为，养成良好品德习惯。心理健康实践活动是心理健康课堂教学的延伸和拓展，体验实践的过程，就是认知、情感上升为行为的过程，只有基于亲身实践的经历，才能达成认知领悟和价值转变。要想让学生将理论教育转化为内在品质，就必须通过学生的亲身参与，养成习惯，最终形成品德。为达到良好的育人效果，心理健康实践活动在活动设计上要紧扣时事和学生现实问题，重视学生潜能的开发与正向引导，把社会主义核心价值观贯穿于活动的各个环节，让学生能够真正得以启发，达到"知行合一"。

第六章　新时代高校思政教育评价体系的构建

本章为新时代高校思政教育评价体系的构建，主要介绍了四个方面的内容，依次是思想政治教育评价体系存在的问题、新时代高校思政教育评价体系的特征与内涵、新时代高校思政教育评价体系的原则、新时代高校思政教育评价体系的内容。

第一节　思想政治教育评价体系存在的问题

一、思想政治教育评价体系对大数据运用不足

（一）专业队伍的信息素养提升方面

目前我国高校大部分工作人员的信息素养和知识都比较缺乏，理论知识储备需要进一步加强，因此高校应加强对教职工的相关专业技能和知识的指导和培训，需要聘请专业人员对教职工进行定期培训和考核，特别是在数据处理技术方面，通过深入的分析和进行对大数据应用的创新，力求达到让数据"可视"、数据"说话"、数据"可用"的目的。目前，对从事于思想政治质量评价的工作人员，各校应顺势开展有关的培训班，深入加强人才队伍的培养，提高队伍素质，为高校建设专业化素质人才提供支撑。

（二）数据集成的共享方面

当前情况下高校大数据的共享力度较弱且共享意识薄弱，因此应该积极加大力度促进数据共享。信息在共享和交流中才能充分发挥价值，新时期，高校应充分发挥数据的开放性和共享性，加大大数据技术在高校思想政治教育工作质量评估中的应用。就当前的形势而言，学生平时体验较多的都是传统型网络系统，信息化水平不高，且这些网络系统的流程之间纷繁复杂，缺乏系统化的统筹管理方

案，由此就加大了信息共享的难度。

（三）数据在评估指标体中的运用方面

针对数据不健全的指标体系的评估，需对指标建设和标准研制方面进行加强。目前，我国的工作质量指标体系和评价标准在大数据技术利用方面的水平不高，在评价的对象和范围上也受到了一定的局限性，导致大数据在高校思想政治工作质量评估时并未发挥其应有的价值，使其有效性和科学性受到质疑。数据指标体系不健全，会导致评估缺乏有效的说服力，难以发挥数据的真实作用，使评估效果大打折扣。

1. 数据挖掘利用的程度过浅

由于挖掘数据的程度过浅，应从数据建模和实践应用方面进行加强。一定意义上讲，数据具有自然价值和共性。大数据运用到高校思想政治教育工作质量评估过程中，需要重点考虑以下三方面的因素：首先是评价对象，既要有针对性的评价，又要有整体的评价；其次是评价时间，应同时开发和跟踪短期和长期评估；最后是评价内容，既要求对综合评价的开展，也要求开展单项的评价。由于缺乏大数据的运用，使数据积累不能全面的、多元化的发展。对大数据利用和挖掘仅仅停留在局部性和浅层次的分析层面上，并不能够形成一个分类分层化的评价模式，需要各校对实践探索和理论不断强化。数据具有多维度价值，如果对收集到的数据仅仅停留在表层的分析，就会浪费数据的深层次价值。

2. 数据安全保护意识过低

大数据给我们生活带来许多便利的同时，也给我们生活带来许多负面影响。我们平时上网输入各种信息或者实名认证一些手机应用，此时都会在大数据后台留下痕迹和记录，如果平台将这些私人信息处理不当，会被黑客或犯罪分子利用，严重侵犯个人隐私，使个人信息安全和财产安全受到威胁。在高校的工作评价体系运用上，同样面临着个人信息和数据加密保护的问题。这就需要学校着重加强数据加密的培训，构建严格的信息监管数据系统，时刻维护信息数据，从整体上来保护学生的个人信息安全性。

二、思想政治教育评价主体、方法及标准面临困境

（一）评价主体

高校在培养技能复合型人才过程中，因为受传统应试教育理念的影响，多数

高校教育工作者对于思政教育都存在思想认知偏差，并未形成对高校思政评价体系的充分重视，甚至怀疑评价体系是否合理，表示评价体系无法具体实现其功能，无法落实在实际思政教育工作中，所以在实际评价中存在表面工作问题。想要突破对学生思政教育工作的传统错误认识，突破看不见、摸不着的传统束缚观念，跳脱出思维误区落实思政教育工作，就要不断汲取当代大学生思政教育评价体系先进工作经验，结合高校自身情况构建科学合理的评价体系，提升高校思政教育工作的最终结果准确性，推进思政教育工作由表面开展转变为落到实处。

（二）评价方法

当前高校现行评价体系存在结构单一的问题，主要指的是自上至下评价高校思政教育的工作效果，具体呈现在两方面：一方面是由地方教育上级行政部门负责对高校的思政教育工作开展情况采用自上至下的评价，形成了单向的评价过程；另一方面就是高校本身对于思政教育具体情况，包括理论课程和实践活动效果，展开的自上至下同样单向评价。单向评价往往导致教学效果缺乏反馈，无法对思政教育工作的最终成效进行综合评价，无法立体覆盖评价信息，丧失了原本评价体系所应当具备的导向、鉴定和激励功能，自然也就使得高校思政教学工作，在评价教学成效上欠缺科学性、全面性、合理性。

（三）评价标准

高校思政教育评价体系目前一方面未统一细化评价范围，思政教育工作作为系统工程，需要学生、学校、社会、家庭多方主体通力合作，这样才能够真正发挥思政教育作用，提升大学生的素养水平。因此，认为思政教育工作者是导致思政教育工作质量不高的唯一因素未免失之偏颇。高校思政教育评价体系应当从评价范围上结合具体情况适当扩大或减少，明确评价指标所要纳入的因素，以及各评价指标权重。另一方面是评价时间并不确定，从时间层面可以发现，想要确定某一个阶段的思政教育效果往往很难，再加上多数高校思政教育评价体系都是人为制定的，评价体系的各指标存在一定的主观随意性。

第二节 新时代高校思政教育评价体系的特征与内涵

一、高校思想政治理论教育评价体系特征

（一）评估目标的统一性

一是评估目标要瞄准国家教育目标，保持统一，唯国家教育目标是从，不能我行我素；二是评估目标与具体活动目标保持统一，在国家教育目标规范下，根据不同类型、不同学校、不同专业教育活动目标有的放矢地制定教育评估目标，从而能够有效影响和引导具体教育活动而不是泛泛而谈，脱离实际。统一性还表现在必须围绕学生学习效果进行评估。学生学习效果是检验教育质量的最核心要素，必须以学生学习效果为核心标准。

（二）评估内容的全面性

高校思想政治理论教育评估体系贯穿于教育全过程，囊括各方面。教育评估涉及教育目标、教育内容、教育方法、教育制度、管理体制、保障机制、运行状态、教育生态、政治认同、道德素养和教育效果等方面。首先评估高校思想政治理论教育目标、内容和方法。其次评估内部系统及运行状况。再次评估学生政治认同、理性思维、公民素养，即思想政治道德、观念、理想、信仰、认识和知识掌握、内化实际情况。最后评估高校思想政治理论教育效果。

（三）评估方向的科学性

高校思想政治理论教育评估体系要深刻认识和科学把握教育目标、内容、方法、本质和规律等，对各影响因子作用进行合理的权重设定。以学生学习质量为逻辑中心。坚持教与学统一，重点放在学生所学上。坚持过程与结果统一，重点放在结果上，力求符合规律性，从"供给者本位"转变为"需求者本位"。确保评估客观公正可行。

（四）评估主体的多元性

评估主体多元并存，由内而外。学校领导、部门主管、教师、学生及政府机关、中介机构皆为主体。教师和学生兼具评估对象与评估主体双重属性，督促师生对教与学活动审视自省、查漏补缺，以求至善至美。

二、高校思想政治教育评价体系的内涵解读

（一）基本要素

高校思想政治教育实践教学评价机制的基本要素包括评价主体、评价客体、评价过程和评价内容四个部分，基本要素相互影响相互制约，共同作用于高校思想政治教育实践教学的评价机制。

1. 评价主体

评价主体是评级机制的核心要素。"谁来评价"这个核心问题，关乎评价机制的标准和价值取向。狭义而言，评价主体有学校和教师。广义上，思想政治教育实践评价主体有学校、政府、社会和学生。以往高校思想政治教育实践评价机制的评价主体较为单一，且将评价主体和评价者严格区别开来。其中学生的自我评价具有一定的消极性和被动性，对实践活动、实践教育实效反馈较少，甚至一定程度上造成了评价主体与评价客体的分离。此外，评价结果尚未对实践活动起到正向的督促作用，反而降低了学生评价反馈的积极主动性。学校应当坚持立德树人，科学建立高校思想政治教育实践的评价机制，注重评价的人性化、民主化和多元化，在动员教师和学生参与评价的过程中建立平等、合作、互利的评价关系。

2. 评价客体

评价客体是评价机制中的评价对象，主要包括学校、教师和学生。其中，学校是高校思想政治教育实践活动的设计者、组织者和实施者；学生是高校思想政治教育实践的对象，其参与实践活动的主动性、参与性以及高校思想政治教育实践活动的实效都是重要的评价客体；教师是连接学校和学生的重要纽带，其实际作用的发挥也是高校思想政治教育实践评价的重要内容。学校、教师、学生这三个基本的评价客体之间既相互联系又有所区别，因此评价客体之间的评价可以深层次地揭示高校思想政治教育实践问题所在，这也是高校思想政治教育实践评价机制的发展方向。

3. 评价过程

传统高校思想政治教育实践评价机制以学生组织、学校的活动总结或上级主管部门作出的阶段性评价为主。其中，总结性评价侧重于对实践活动的内容、形式等进行鉴定、筛选、比较，重在对高校思想政治教育实践活动的社会效应描述和活动结果表达，对高校思想政治教育实践评价过程中出现的问题有所忽略。但高校思想政治教育实践评价机制不应只关注于对实践结果的评价，更应该注重对

学生成长性发展的过程和进程进行评估反馈，应当坚持树立过程性、发展性的评价理念和评价标准，真正将立德树人落实在高校思想政治教育实践评价机制建立的全过程。

4. 评价内容

以往高校思想政治教育实践评价内容主要从两方面进行评价，一是实践的社会适用程度，二是针对影响性方面进行定性评价。可以看出，其在学生综合素质提升等方面缺少相应的评价内容指标，同时，一致的标准否定了学生在不同成长阶段的发展需求的差异性。因此，高校思想政治教育实践的评价内容里应当适当增设对学生思想观念、行为认知、实践技能等方面的评价，对学生在高校思想政治教育实践过程中表现出来的素质和能力进行综合评价，多维度、多层次的评价实践活动的精神价值。

（二）高校思想政治教育评价体系的内涵

改革开放以来，我国的文化、经济、政治、社会各方面都产生了极大改变，处于多元时代背景下怎样将思政教育功能充分发挥，是目前十分迫切关键的任务。教育过程需要遵循基本规律，任何与教学规律相违背的都属于"有害教育"，思政教育与人类科学息息相关，在思政教育工作中就要顺应教改形势和教学要求，提高思政教育的时代感，提升思政教育整体水平，遵循教育规律，贯彻教育理念，实现思政教育科学化。在目前各高校思政教学工作开展中，普遍主张"以人为本"，认识到学生作为教学主体，在思政教育中占据重要地位，因此增强思政教育的针对性、创新性、有效性、主动性是十分必要的。下面概括高校思政教育评价体系的内涵。

1. 重视人才培养目标

高校人才培养目的主要是满足社会对人才的需求，能够为企业提供具有专业能力的高素质人才，其不仅要掌握专业理论知识和操作技能，还要在素质层面符合标准。在高校学生专业知识技能教学中，向学生传授的是专业课知识，从"第二、第三课堂"中获取能力素养。思政教育是为了能够从思想层面更好地引导学生全面发展，那么思想政治教育是否可以作为提升学生综合素养水平的关键手段，对于思政教育评价体系的检验就十分必要。例如在完成一个学期的思政课程教育后，可以通过思政教育评价体系，评价学生是否对"如何做人"理解有所提升，检测"如何做人"能力，最终映射思政教育效果。所以建立高校思政教育评价体系，要与各专业人才培养特质相融合，以不同的人才培养目标作出针对性调整。

2. 重视企业对人才需求

企业在前往高校招收人才时,不仅需要重视学生所掌握的专业技能,还要综合考虑人力资源部门的关注点。目前企业由原本的"硬"招收转变为"软"招收,要求所招收人才在具备专业水平基础上,还要具备非专业能力。例如部分企业除了考查学生所掌握的专业技能水平,也十分看重学生的价值观、对待问题的分析解决能力,以及实践过程中的沟通协作能力。所以思想政治教育评价体系可以帮助企业在招收人才时,更全面地考量大学生的非专业能力水平,也能够给学生树立提升标准,让高校学生可以朝着指标不断增强自己的综合竞争实力。

3. 关注学生自我成长发展所需

目前高校十分重视大学生的全面发展,例如对于专业学习中的理论知识、实践技能的掌握情况,以及学习特点和身心发展状况。这样不仅能够在学生身上充分体现社会需求,也可以在每一位学生身上个性化体现社会对高校人才思想道德素养的期望。所以想要建立高校大学生思政教育评价体系,就要突破传统思维局限,将学生作为考核对象,明确大学生在高校思政教育中的主体地位,让学生通过高校思政教育实现个人发展和自我追求。

第三节 新时代高校思政教育评价体系的原则

一、科学性原则

科学性原则是基本原则,也是最重要的原则。这就要求高校在构建思想政治教育工作质量评价体系遵循高校思想政治理论课的本质、特点和规律,科学合理地搭建思想政治教学质量评价体系。在评价体系中明确监控部门、评价人员、拟解决的问题、设计监控和评价方案,评价方案中要对工作指标和评价标准进行明确,使评价体系具有可操作性。

二、实践性原则

高校思想政治教育实践教学的评价机制应当坚持实践性原则,即在评价过程中不仅注重理论知识的掌握,还应考察人的综合素质和能力。针对当前高校思想政治教育实践教学评价机制存在的重理论性评价、结果性考核等倾向和问题,应加大对高校思想政治教育实践过程、综合素质、精神价值等层面的评价,将学生参与高校思想政治教育实践活动的获得感与满足感纳入评价机制。高校思想政治教育实践评价机制的实践性原则还应体现在对实践活动的动态性和发展性考量上，在制定评价指标时要根据实践的具体条件、环境、内容和过程的发展变化来作出调整，多采用定性而非定量的方式对实践的效果进行动态评价。动态评价有利于学生在参与高校思想政治教育实践的过程中及时发现问题并进行自我调整，将学生的主动性贯穿实践的全过程，使学生的内在体验与外部评价产生良性互动，促进学生的全面发展。

三、动态性原则

构建高校思想政治教育工作质量评价体系不是一次能完成的，需反复修改和完善，这个过程必然是动态的。这就要求构建高校思想政治教育工作质量评价体系时坚持动态性原则。第一坚持实时控制，在内容上更新在时间上延续，适应发展的需要。第二充分利用已经形成的评价体系对不同环节进行评价和反馈、管理和监督，及时加以完善。

四、全面性原则

要紧紧围绕立德树人根本任务促进学生的全面发展，注重评价内容的多样性、层次性、发展性，涵盖新时代高校思想政治教育实践的各个方面，体现不同年级、不同阶段、不同专业学生的兴趣与素养，从而构建全面、合理、科学的高校思想政治教育实践评价内容。在构建评价机制和实施的过程中，要注重评价机制的全面性和科学性。既要追求全面性，也要在评价机制中有所区分，即抓住实践主要矛盾的同时兼顾次要矛盾，相应的要在评价机制里作出主次之分。既要满足学生发展的多元化需求，注重对学生解决问题的综合能力的考查，又要满足学生发展的层次性特点，充分考虑不同类型、不同发展方向学生的特点。

第四节　新时代高校思政教育评价体系的内容

高校思想政治理论教育评估应该理论联系实际，知、情、意、行融合，内化外化过程循环往复，评估体系内容丰富。

第一，评估内涵认识。高校思想政治理论教育评估体系是关于高校思想政治理论教育评估的主体框架及运作状态，是评估者按照教育目标和指标，对教育内容、方式、方法、组织、制度、生态、效果和影响进行评估的整合系统和运作状态。

第二，评估功能界定。评估功能不一而足，辐射教育教学全过程、全领域、全方位，涉及多层次、多视角、多界面，既有传统的检查、考核、制约功能，又有先进的激励、指导、创新、发展与建设功能。评估要保持基本的检查、测定与制约功能，突出激励、创新与发展功能。

第三，评估指标设计。评估指标应分级分类、一体多维。围绕教育要素、过程和结果三大方面，对应体制、制度、队伍、课程、教材、学科、管理、保障与生态建设诸多领域，以及具体目标、任务、态度、方式、方法、设施、条件、生态、行为、效果，设定一、二、三级指标及权重标准。

第四，评估体系确定。评估主体多元并存，不同评估交叠影响。正确处理学生与教师、督导与领导、业内与业外、个人和组织、上级和下级评估等关系，追求评估实效，突出专家、督导评估，淡化、弱化学生评估，合理确定评估量化体系，使评估回归正道，体现教师主体价值。

第五，评估方式选择。评估要静态动态、理论实践、线上线下、主观客观、单一复合，领导督导、专家同事、教师学生结合，加大动态、实践、线上评估比例，提高督导、同事评估权重，突出客观、复合评估。管理部门、学生、督导、同行评价有机结合。鼓励创新评估。

第六，评估方法改进。夯实评估平台，完善评估制度，改进评估方法。转变观念、推陈出新、贯通融合，教师学生评估、领导督导评估、专家同行评估、学部学校评估、上级下级评估、校内校外评估、中介社会评估、线上线下评估多种方法并行不悖，灵活运用，实现评估效能。

第七，评估生态优化。学校领导高度重视，部门之间相互协作，学校内外同心协力，上级下级团结一致，教师学生顾全大局，各方整合，全校一盘棋，从而生成良好评估环境。建章立制、科学谋划、有效领导、精心组织、充分保障、依法实施、有效治理，全面营造良好评估生态。

第八，评估原则捍卫。理论实际同步，思想实践并重，内化外化共生，守正创新一体，变与不变交融，过程效果兼顾，坚守评估捍卫教育，激发活力，清除障碍。以学生为本，实事求是，持之以恒，灵活机动，务求实效，督促教师真教真讲真懂，学生真学真听真信。

第九，评估理念转变。评估不是目的、形式，评估只是手段、工具，要以评估为抓手、为动力，服务至上，以评促教、促学，激励教师愿教善教会教，学生愿学善学会学。评估要有温度，关心、尊重教师，体现人文关怀。用考核功能，重视创新、发展功能，促进师生健康发展。

  第十，评估内容整合。教育评估要高屋建瓴，系统整合评估内容，顶层设计和面上布局协同一致。以知情意行，全面培养人的目标体系为标准设定评估内容，主要在基本理论、基本情感、基本信仰与基本道德培养等方面有所作为。评估内容全面广泛，评估体系动态多变。

  第十一，评估时间设定。解放思想、更新观念，适当进行教育评估时间调整和改革，有的课程在统筹安排、科学论证的基础上，根据教育教学规律和课程实际情况改变本学年度、本学期评估的传统做法，允许另学年度、另学期评估，以期有效提高评估质量，实现教育效果。

第七章　高校思想政治理论课教学的实践探索

本章为高校思想政治理论课教学的实践探索，主要从高校思想政治理论课的实践教学、"互联网＋思想政治教育"的实践探索、信息技术在思想政治教育中的应用、中华优秀传统文化融入高校思想政治教育的实践探索四个方面进行了论述。

第一节　高校思想政治理论课的实践教学

一、高校思政课实践教学的基本特征

（一）实践性

实践性是实践育人区别于其他育人功能的本质特征。实践即参与操作，是人们的主观作用于客观的过程，是人为地改造主观世界和客观世界的活动。一方面实践性体现在实践育人的能动性上，实践育人就是发挥学生的主观能动性作用于客观实践活动；另一方面，实践性体现在实践主体对客观世界改造的客观性。实践性体现在学生在第二课堂中充分参与实践活动，通过实践锻炼、道德养成的发展过程，是师生共同参与的教育实践活动。《国家中长期教育改革和发展规划纲要（2010—2020年）》强调：教育的实践性是马克思主义最重要的理论品质，即坚持一切从实际出发，理论联系实际，实事求是，在实践中检验真理和发展真理。实践育人要求青年大学生参与实践、凸显实践，在实践中成长成才。

（二）社会性

马克思人的本质理论提出，人就是在自身本质力量的基础上不断与外在世界发生关系，从而促进自身的发展和完善。人的本质理论强调人是在社会实践中不断发展的，社会性是实践育人的重要特征，是实践育人区别于其他育人功能的显

著特征。《教育部等部门关于进一步加强高校实践育人工作的若干意见》规定的实践育人形式,具有强烈的社会属性。马克思主义观点认为:社会是人们相互交往的产物,是各种社会关系的总和。实践育人是大学生在参与学校组织的社会化实践活动的过程中实现自身社会化的过程。在实践育人过程中,大学生会广泛接触社会各类事物,大学生在发现问题、认识问题和解决问题的过程中学会与社会的互动,进一步开始自身的社会化进程。

(三)开放性

实践育人的动态过程和结果多样导致其内容和形式具有开放性。实践育人作为一个动态的开放性过程,相较于其他育人形式,其社会性和实践性决定了自身的开放性。实践育人是高校作为桥梁和纽带,主导学生主体参与实践活动,在此过程中需要社会力量的积极参与和共同作用,是一个开放的协同育人体系。实践育人从顶层设计上兼顾了理论教育与实践教育、校内实践和校外实践,在活动形式上实现了教育时间、教育空间、教育内容和师生关系的开放,推动教育实现从封闭到开放的转变。一方面,实践育人可以使学生跳出课堂理论教育的封闭性,根据自身的兴趣爱好和特长选择各种形式的实践活动,在发挥特长的同时接受教育,实现个人的全面发展;另一方面,实践育人可以使高校突破原有的校园文化活动、社团活动的传统安排,带领学生走出课堂、走向社会,在真实参与和体验中涵养道德、规范行为,达到实践育人的目的。

二、思政课实践教学的意义

(一)有利于落实党的立德树人根本任务

立德树人就是要培养学生两方面的能力。立德就是要培养学生考虑他人的能力,人是一切社会关系的总和,社会是全部人的集合,学生要想生存于世并获得良好的发展,就离不开和他人的交往,要想获得成功的利益互换,就必须要在兼顾自身利益的同时也要考虑他人的感受,协调不好自己与他人的平衡就会给自己的生存发展带来阻碍。因此,立德就是提升道德,道德就是协调与他人相处的能力,归根结底就是考虑他人的能力。树人就是要教会学生生存本领,即把客观世界改造成自己满意的能力,也即实践本领。因而,立德树人的本质就是一方面要培养学生的品德,另一方面要提高学生的实践技能。其内在地包含对学生实践能力的培养。因此,实践能力的培养是落实立德树人任务的内在要求。实践教学又是通过具体情境锻炼来提升学生的品德和实践技能。所以，实践教学是实现立德树人目标的根本途径。再则，"十四五"时期中国经济社会对人才的要求标准强调的就是实践能力、创新能力的培养。因而，高校要重点加强实践环节的建设。

（二）有利于增强高校思想政治教育的实效性

伴随高校思想政治教育的理论学习与实际践行的脱节，高校思想政治教育的效果也受到了相应的影响，枯燥乏味的理论课堂让受现代科技产品冲击的青年大学生失去了耐性，懒于学习，排斥思政教育内容，且没有经过自身理解重构的理论经验只能短暂地停留在大学生的脑海里，转瞬即逝，很难发挥出效用。因而新时期高校思想政治教育要纠正教育理念的偏差，把实践环节的作用重新提上日程。思想政治教育的理解层次是知、情、意、行。实践能力的养成作为思想政治教育的最终目的，本就是思想政治教育的根本要求。因此，加强高校思想政治教育实践环节是提升思想政治教育效果的题中之意。实践教学对于增强思想政治教育的实效性主要有两方面的影响。其一是实践锻炼可以将思想政治教育的内容内化于心。学生只有在具体实践过程中不断地纠正自己、调整自己，才能将思想政治教育的价值观念、道德情感和政治意识吸收到自己的思想结构之中，将思想政治教育的内容内化为自己的价值认同，成功地接受思想政治教育，从而促成思想政治教育目标的实现，提升思想政治教育的实际影响力，进而增强思想政治教育的实效性。其二是通过实践活动的锻炼可以将思想政治教育的要求外化于行。实践行为的养成作为思想政治教育环节的最终升华，是检验思想政治教育成效的关键。学生吸收程度不同自然表现也有差异，高校大学生作为受过多年教育的知识分子，自尊心都比较强，因而，在实际历练过程中就会发现自身与别人的差距，进而通过不断调整自身的行为以赶上他人，从而让高校大学生在实践环节中自觉地修正自身，进而直接达成思想政治教育的目的。

第二节 "互联网+思想政治教育"的实践探索

一、"互联网+"与高校思想政治理论课程的结合

"互联网+"时代，网络环境为大学生思想政治教育提供了新的发展环境，为高校思想政治理论课教学提供了可能。"互联网+"与高校思想政治理论课的融

合能强化教学效果，创新教学模式，更新教学内容，从而发挥 1+1 ＞ 2 的"倍增效应"。由此，只有把"互联网+"融入高校思想政治理论课程中，才能发挥网络环境下信息教学平台的作用，运用多渠道的教学模式激发学生自主学习意识，提升学生学习能力，增强高校思想政治理论课程的吸引力。

（一）"互联网+"催生高校思想政治教育新形态

"互联网+"借助新的信息技术手段与网络思维改变着高校思想政治教育的发展环境，催生了新的发展业态。其新形态主要表现在：一是"互联网+"视域下的高校思想政治教育继承和深化了网络思想政治教育的基本特征，丰富和发展了网络思想政治教育的基本内涵，将网上虚拟环境与网下现实环境合二为一，推动学生线上线下的双向发展联动。而且"互联网+"也创造了高校思想政治教育环境下所需要的新的技术因素、载体、资讯，丰富了高校思想政治教育教学内容，影响了教学环境。二是"互联网+"深刻改变着高校思想政治教育主客体的思维方式、交互方式和社会实践模式，随着慕课、混合式教学、翻转课堂等基于网络技术的新型方法和平台在思想政治教育中的运用，教育介体发生了重大变革，教育形态发生了新变化，单一的传统思想政治教育模式发生了改变，创新了思想政治课堂主渠道的新样态。

（二）"互联网+"加速高校思想政治教育知识价值传播

思想政治教育是以思想政治理论课为基础，而"互联网+"视域下的思想政治教育平台是高校思想政治理论课在网络上的延伸与发展。"互联网+"视域下的高校思想政治教育是教育者运用网络等新媒体平台有意识、有目的地对受教育者施加影响，通过传递、接受与反馈思想政治教育信息，以达到彼此共享、互动、共识的社会行为和过程。在这种过程中，高校思想政治教育者通过对受教育者传递社会主流价值形态，保持受教育者的价值导向与社会主流价值一致。较之传统思想政治教育价值观念的传输，"互联网+"视域下的高校思想政治教育的价值传输手段和形式更加丰富，更有利于客体接受主流价值观。内化于心，不仅形成正确的价值观，更能转化为社会实践行为，从而培育出担当民族复兴大任的时代新人，有效地顺应了党的大政方针。"互联网+"利用各种信息载体加速高校思想政治教育的知识信息传播，有效地发挥了课上课下信息吸取的广度，摆脱了单一的高校思想政治教育课程的知识价值的获取难度。

（三）"互联网 +"充分满足高校思想政治教育课程的互动需要

在传统的思想政治教育课程中，主要以课堂授课为主，由于课时多，课程有限，教师为了完成教学任务，往往不能很好地拓展教学内容，从而形成了单向"满堂灌"的形式。

要改变这种单一的教学模式，需要主体与客体的双向互动，而"互联网 +"的运用为这种双向互动提供了发展条件。也就是说，"互联网 +"视域下的高校思想政治教育改变了传统教学模式，改变了以教师为中心的思想观念，减弱了学生对老师的依赖性，从而形成了主客体双向互动的思想政治教育模式。教师教学从不注重学生个性发展的"满堂灌"转变为注重互动对话、注重学生需求的"翻转课堂"，当然，"翻转课堂"只是思想政治教育教学模式的一种，它主要是发挥了学生的自主性，要求学生课前在网上完成所有知识点的视频学习，找出问题与提出新的想法，然后在课堂上与老师同学进行交流，也就是答疑解惑和评估鉴定学习成果的过程，课堂功能的外延发生了拓展。翻转课堂的出现将反推学校的教学模式改革，使教师面临教学策略和技能方面的挑战。

二、"互联网 + 高校思想政治"教学改革实践

（一）在课程导入环节主动开发

要激发学生的学习兴趣，导入环节至关重要。好的课堂有一个好的开头，才能引人入胜。在互联网技术的支持下，思想政治教育从单一化转变为多元化，怎样把握好多元化条件下的知识传导和融合，形成更加灵活、更加快速、更加多维的知识内容具有重要意义。在思政课堂导入环节，应该广泛应用现代信息技术，如多媒体、微课、优秀视频、经典案例等，结合学生的教育背景有针对性地择取教学资源，激发学生的求知欲。同时，充分利用网络教学平台，如 MOOC、超星、钉钉等，在课前发起投票、问卷调查、讨论等互动活动，预先了解学生的喜好与需求。再结合互动所反馈的信息，融入国内外的热点进行讨论，有针对性地设计学生喜闻乐见的导入形式。合理设计导入环节，激发学生参与网络思政的学习积极性，在为课堂注入活力的同时，增强了思政课教学的时代性与感染力。

（二）在讲授内容中强化运用

高校思政课讲授的重点应是集中于经典理论的阐释性内容。互联网极大拓宽了思政课的相关教学资源，给网络思政提供了一座蕴藏巨大储备信息的知识宝库。

思政课教育需要解决的是"培养什么人、如何培养人以及为谁培养人"这个根本问题。因此，势必"要坚持把立德树人作为中心环节"。要落实并达成这一目标，需要实现思政教育的"入脑入心"。因此，在授课内容的安排上，要避免简单、重复性、基础性知识输出，传授的重点应倾向于理解性的阐释内容，启发学生思考以实现思想内化。要从静态知识的传授走向智能教育，给予学生的应该是启发性研读，引导学生去思考、去理解、去领会马克思主义经典理论与马克思主义中国化理论成果的精髓，以建构起马克思主义的基本世界观与方法论，从而真正掌握"认识世界和改造世界锐利的思想理论武器"。此外，还需要正确引导学生自觉甄别、主动筛选、理性对待海量网络信息，向学生"注射"关于不良信息的"免疫疫苗"。

（三）在授课艺术上有效发挥

首先，尽可能采用学生习惯并喜爱的展示形式，努力争取获得学生的认同，引发共鸣。在"互联网+"时代，短视频以其精炼简洁、体量小、传播便捷等优势，迎合了学生的喜好，易于被接受与认同。在教学过程中可适当穿插短视频的片段，提升学生的学习兴趣。尤其是针对马克思主义经典理论中比较晦涩的知识点，结合现代传媒技术，通过更具体直观的形式去阐述理论难点。

其次，借助线上教学平台，提高课堂的交互性，增强学生的参与感。在"互联网+"时代，手机线上教学的功能开发与应用正进行得如火如荼，在新冠疫情防控期间，线上教学的开展，使得钉钉、雨课堂、学习通、MOOC等网上教学平台得到了跨越式发展。这些日益成熟的网上教学平台不单单只是用于线上教学，在平时的线下教学过程中，其丰富的教学资源、多彩的教学活动以及学生习惯的操作方式都可以作为课堂教学的重要抓手，去推动教学以更丰富的形式、更便捷的途径、更活跃的氛围展开，以及推动优质教学资源的延伸与推广。

（四）积极把握课堂与教学反馈

思想政治教育是一个不断调整、日臻完善、精益求精的过程，是一个输出与输入不断往复的循环系统。在整个网络思想政治教育教学改革过程中，要基于学生的所需输入设计教学内容，开展教学输出。通过教学反馈获得学生关于学习实效的输出，再依据反馈的信息调整教学输出。在根据输出调整输入、再输出、再调整的循环往复的进程中，构建起有效的师生互动、信息共享、反馈及时的教学体系，使教师之"教"与学生之"学"呈螺旋上升式的提高。

教学调整的重要依据之一是学生的习得反应。过往的学情分析很多是基于大量烦琐的调查性工作，如课下调查（个别谈话、问卷调查等）、课堂小测、成绩分析等，工作量巨大且存在个别调查不客观、取样不完整、数据不全面、反映情况不准确等问题。

随着"互联网+"时代的到来，思想政治理论课课程平台获得跨越式大发展，建立起了便捷全面的学情数据采集系统，教师可根据学生学情的大数据进行综合分析，及时进行有针对性的教学设计调整以不断提高教学实效。

第三节　信息技术在思想政治教育中的应用

一、信息技术对思想政治教育教学思维方式的革新

我国网民总数已经突破 9.89 亿人，其中，青年大学生几乎全员皆为网民，且属于全天候活跃群体，这既是进行网络思想政治教育的良好契机，也对思想政治理论课课堂教学带来了很大的挑战。面对信息技术的挑战和冲击，思想政治教育教学只能加强不能削弱，我们必须增强信心、提高能力，学会运用互联网思维革新思想政治教育的教学方式。

互联网思维就是遵循互联网的精神、规则和方法去思考、去认识、去实践，互联网思维强调自由平等、开放包容、参与服务、简单便利。运用互联网思维创新、拓展、改革大学生思想政治理论课，就是要加强信息技术在思想政治理论课全域的融合，全面提高思想政治理论课教学质量和水平。

二、信息技术对思想政治教育教学目标的拓展

新时代的思想政治教育要在"知、情、意、行"四个维度上下功夫，用显性引导和隐性熏陶等方式启迪心智、引领价值、塑造行为，帮助学生成长成才。思想政治教育教学改革也要围绕坚定学生理想信念、践行社会主义核心价值观来有机展开。通过说理、比较、启发等多种方式使学生逐步坚定对社会主义和共产主义的信念，增强"四个自信"，自觉把爱国情、强国志、报国行融入实现中华民族伟大复兴中国梦的奋斗征程中。

上述教学目标的实现，仅仅依靠传统的说理式、灌输式、讲授式教学方法，教学效果十分有限，而信息技术的广泛应用，破解了思想政治理论课仅仅依靠课

本、课堂发挥作用的难题，使思想政治教育教学阵地从现实课堂延伸到互联网世界，通过甄选信息和有效组织，思想政治理论课的全天候效应不断呈现，理论性、思想性、亲和力、针对性、实效性、获得感更加彰显，越来越多的"90后""00后"青年明辨是非、立场坚定，积极传播社会正能量，认真践行社会主义核心价值观，逐步成长为社会主义事业的中坚力量。

三、信息技术对思想政治教育教学内容的丰富

新时代的大学生思想政治教育要旗帜鲜明、与时俱进，理论性与实践性共济。面对波谲云诡的世界局势、复杂多变的周边形势、攻坚克难的改革开放格局、日益庞杂的党建工程，思想政治教育教学要紧扣教材，但更要高于教材，要紧跟形势、关照现实、更新信息，不断拓展教学内容，努力紧跟时代步伐。以本科生思想政治理论课为例，四门主干课程的教材都是在2018年上半年修订完成的，其中大量增加了党的十九大的相关内容，特别是习近平新时代中国特色社会主义思想的知识体系，由于这些内容很新，相关的学术研究和学理解读都还在进行中，教材只是把最权威的十九大报告吸纳进去，并没有配套的解读和说明，这就要求思想政治理论课教师，必须围绕教材相关专题，利用互联网获取信息，积极拓展教学渠道，探究知识背景，丰富学习内容，增强学习时效性。

近年来，很多行业院校纷纷探索依托行业特色，丰富思想政治教育教学内容和载体，取得了很多可喜的教学成效。比如西安美术学院沈宝莲教授鼓励美术类学生发挥专业特长，对中国近代以来各历史时期反映重大历史事件的美术作品进行赏析，明晰其时代价值和艺术感染力，挖掘其红色基因及蕴含的精神能量，并利用微信、微博进行推介，学生喜闻乐见、主动投入、乐此不疲、佳作连连，真知灼见满屏，获得感满满。

四、信息技术对思想政治教育教学手段的升级

今天，多媒体教学广泛流行，信息技术在思想政治理论课教学中的全域运用，使教学手段和活动载体不断升级和优化。比如，北京工业大学沈震教授等推动的基于互联网技术的思政智慧课堂教学模式改革行动，已经在全国多个高校深入实践并取得良好的示范效应，还有被广泛应用的课堂互动管理平台"课堂派""雨课堂"，以及超星开发的一套基于信息技术应用基础上的学习服务平台软件"学习通"等，极大地丰富了思想政治理论课的教学手段和呈现方式。

运用信息技术对思想政治理论课的教学手段进行升级，使课前预习、课堂学习、讨论辩论、团队协作、课外实践、作业呈现、启发推广、课后复习、学业考核、个性评估等环节能够有机融合，整体推动，老师和学生可以在学习中平等互动、点面呼应、共同完善，使得学生获得感不断增强。

五、信息技术对思想政治教育教学内涵的丰富

为了丰富思想政治教育教学的内涵，教师可以通过开发思想政治教育电子教材增强思想政治教育的趣味性，让思想政治教育以一个更生动的方式展现给学生。教师也应积极开展各种文化活动，通过各种线下的文化活动和线上网络信息课程相结合的方式，促使学生深入理解思想政治教育内容。教师可以将在网上开展的思想政治教育与日常的思想政治教育相结合，满足全方位开展思想政治教育的需要。针对学生思想上出现的问题，教师可以利用信息技术中的各种资源和学生进行沟通、交流，及时疏导和排解学生的不良情绪。大学生有一定的好奇心理，传统的思想政治教育手段很多时候无法吸引大学生的眼球，影响了思想政治教育的效果。因此，教师应重视利用信息技术开展多种活动，达到寓教于乐的目的。

第四节　中华优秀传统文化融入高校思想政治教育的实践探索

一、中华优秀传统文化融入高校思想政治教育意义

（一）必要性与现代价值

从必要性的角度来看弘扬中华优秀传统文化，能够让学生产生对中华民族的认同感和归属感，所以我们需要大力弘扬优秀的中国传统文化；以此为基础加强思想政治工作力度，构建中国特色道德文化体系，在文化强国战略背景下展示以爱国主义为核心的民族精神，维系整个国家的思想动态，对新时期的青年进行中华优秀传统文化教育，能够凸显中华民族伟大复兴的时代价值。从现实层面来看，优秀传统文化教育的缺失使现代学生的价值观和品德出现了一定程度的偏差，而在高校思想政治教育工作中融入中国优秀传统文化有助于学生树立正确的世界观、价值观和人生观，提高大学生的综合素质。在党和国家的高度关注之下，推

进传统文化和思政工作的结合,以此为基础强化学生工作的创新发展是一项关键的历史任务。中华传统优秀文化和思想政治教育的共同性,也使得马克思主义理论学科的教育功能更加显著。

(二)促进学生的道德发展

中国传统文化可以成为学生道德教育的关键载体,并尝试从传统文化当中寻求问题解决的具体措施。信息化时代下,每个国家都需要提升自身的文化竞争力,在多元的时代和全球化的市场经济趋势下,巩固社会群体的思想认知,潜移默化地解决思想偏差。

从这一角度来看,当代大学教育不仅要关注学生的专业技能培养和知识培养,更需要注重学生个人品德和修身养性,推动大学生形成正确的价值观和道德理念。这样一来才能帮助大学生既具有专业的道德品质,又具有较高的社会能力,成为中国特色社会主义现代化建设的优秀人才。

(三)促进思想政治内容深度的提升

当代思想政治工作需要保障内容深度,让中国传统优秀文化的整体精神以不同的形式表现出来。自古以来中国就有天下为公和选贤举能的发展要求,而且中国传统文化中也强调知行合一的教育体系,这说明教育效果的达成要以良好的教育体系为根本保障,将外化的理论基础转化为内在的实践纲领。作为教育工作者,应该正确认识到模范带头作用的重要性,将言传身教作为中国传统文化的主要教育方法,融入思想政治工作当中,以内容和标准作为日常行为的判定依据,在潜移默化中提升学生的思想境界,这比传统照本宣科的理论教育要更加具备针对性。

中华民族作为拥有悠久历史的伟大民族,为世界文明的发展和人类文明进程的推进作出了巨大贡献,在发展过程中的优秀思想政治教育资源,也在文明进程当中起到了重要作用。作为教育工作者,应该从政治和文化角度将先进的资源进行整合,发挥教育优势功能,推崇道德教育和行为教育,以学生的全面发展为根本目标。

(四)有利于学生文化自信的建立

学生树立文化自信,既符合文化教育理念,也是高校思想政治教育的内在目标。一方面,中华民族的精神在优秀传统文化中得到充分体现,如"前世忧愁,后世欢喜""风声雨声读书声声声入耳,家事国事天下事事事关心"所蕴含的爱国主义精神,坚定了学生对优秀传统文化的认可,树立了社会主义文化自信。另一方面，传承中华优秀传统文化中的道德理念，有助于高校思想政治教育的开展，培养学生的高尚情操。

（五）提升思想政治教育实效性的时代要求

信息时代的到来也迎来了多元文化的融合，大学生主流意识形态依然占据主导地位，但也存在着理想信念不明确、价值取向偏离、诚信缺失等问题，思想政治教育工作是培养学生形成正确三观的重要途径。高校要从当前时代背景出发，与时俱进，将中华优秀传统文化融入高校思想政治教育，改进思想政治教育方式，提升思想政治教育的实效性。

（六）有利于中华优秀传统文化的继承和发展

传统文化随着时代的变化而变化，特别是近代以来，马克思主义基本原理同中华优秀传统文化相结合，使传统文化内涵得到了丰富和完善，呈现出新的气象。但同时我们也应重视当前传统文化发展所面临的挑战。大数据时代，多元文化的冲击对传统文化造成的负面影响显而易见。传统文化是先人留给我们的宝贵财富，其继承和发展需要所有中国人尤其是年轻人的参与。如何创新性地发展中华优秀传统文化，吸引大学生加入继承和弘扬中华优秀传统文化的行列中来，是亟待解决的问题。而将中华优秀传统文化融入高校思想政治教育是促进两者发展的新路径，这一路径可以说是高校思想政治教育自身发展的内在要求，也是中华优秀传统文化继承发展的时代需要。

（七）培育和践行社会主义核心价值观

核心价值观，承载着一个民族、一个国家的精神追求，体现着一个社会评判是非曲直的价值标准。社会主义核心价值观也是从中华优秀传统文化中衍生出来的，它凝聚了国家的德、社会的德和个人的德，表达了对国家、社会和个人的美好夙愿。大学生的价值取向深刻影响着未来整个社会的价值取向，高校思政课教师要善于挖掘中华优秀传统文化中具有代表性的内容并融入大学生思想政治教育中，这有助于大学生在学习和生活实践中践行社会主义核心价值观，做到勤学、修德、明辨、笃实，从而内化于心，外化于行，更好地让社会主义核心价值观融入大学生的头脑，滋养大学生的心灵，塑造大学生的品格，促进大学生的发展。

二、中华优秀传统文化与高校思想政治教育的融合路径

（一）坚持马克思主义的导向作用与创新发展要求

在中华优秀传统文化融入高校思想政治教育的过程当中，需要遵循马克思主义的导向作用，从而取其精华，不断坚持中国特色社会主义文化发展道路，培养学生的历史意识和民族精神、时代精神，尝试利用所学的知识解决现实问题，助力于社会发展。马克思主义理论在现实的价值已经得到了论述，学习和宣传马克思主义不能纸上谈兵，而是需要从实践角度进行推广和创新。从这一层面来看，优秀的中国传统文化融入高校的思想政治教育，其核心在于以马克思主义文化为正确指导，正确把握中国传统文化在当代思政工作当中的地位，确定价值导向和创新性发展机制。这需要教育工作者始终秉承客观的态度来让马克思主义具有新的时代内涵与表现形式，将传统元素实现现代社会的创造性转化，从发展环节做到与时俱进，让中华优秀传统文化能够屹立于时代发展的前列。

中共中央、国务院发布的《关于进一步加强和改进大学生思想政治教育的意见》当中，也明确提到了要坚持继承优良传统和改进创新相结合，积极探索新形势下的思想政治工作新途径和新办法，努力体现时代性和创新性的要求。学校需要在政府部门的支持之下帮助学生养成良好的道德品质和行为习惯，以社会主义核心价值观为基础将学生打造为社会主义事业的接班人；不断创新教育模式和教育内容，让当前的思想政治工作借鉴和吸收中华优秀传统文化和其他文化成果，以自我革新精神提升教育质效。

（二）优化现有的思想政治教育教学

思政课堂是展开教育工作的关键平台，高校开展大学生思想政治教育也是对学生进行价值观教育的根本途径，能够帮助学生应用优势资源形成良好的素养。此外，思想政治理论课教材始终贯穿马克思主义中国化这一主线，其中将马克思主义和中华优秀传统文化进行了深度结合。教师应该利用教材当中的优秀思想成果，培养学生的民族自信和文化自信，让学生意识到如何处理个人和社会的关系，将传统文化教育融入思想政治工作的理论教学和实践活动当中。特别是从实践角度来看，可以依托现有的文化资源开展社会活动，让学生走进社区或是走进基层，重视传统文化和实践工作的结合发展要求，对学生进行潜移默化的教育。与此同时要关注学生在教育环节的主体地位，让学生深化对传统文化的理解，而不是简单通过强制性的外在教育来对学生的行为展开强制性约束。当代学生希望接受与

传统文化有关的知识,并且希望自己能够成为社会主义事业的辅助力量,教师如何改变教学模式尊重学生的主体地位成为今后工作的重点。

另外,改革和创新教学方式。传统的教学方式已不能适应新时代的需要。随着互联网技术的发展,学生获取外界信息的方式越来越多。有些学生的知识面甚至比老师还广。因此,高校有必要改革传统的教学方式,增加课堂的趣味性,教师要充分激发学生学习中华优秀传统文化的兴趣。尊重学生在课堂中的主体地位,使其真正参与到教学中。此外,教师还可以利用多媒体进行教学。例如,在讲解岳飞精忠报国的故事时,可以利用多媒体向学生展示岳飞生平事迹和事件的背景。这种教学方式具有针对性和现实意义。教师要使讲解内容更加生动丰富,让学生在听故事的过程中逐渐理解爱国主义精神的内涵和意义,从而激发起学生的学习兴趣和积极性,提高教学效率。此外,教师还可以通过给学生放映一些爱国题材的电影,以潜移默化的方式培养学生的爱国意识和爱国情怀。

(三)把控新时期的教育阵地

新时期的教育阵地是拓展思想政治教育工作的关键载体,这一点我们可以基于互联网的迅猛发展来展开分析和讨论。当代高校学生作为数字时代的原住民,互联网成为他们生活当中的重要组成部分。网络在拓展学生群体生活空间的同时,也让网络平台可以成为思想政治教育工作的主要阵地,充分肯定网络渠道对学生的积极作用。

例如,中国共青团或各大高校都在 B 站、微博平台或是微信公众号当中创设了自身的官方账号,目的在于拓展思想政治教育内容,让学生以一种喜闻乐见的方式接受教育,并透彻领悟传统文化和思政工作之间的深度联系,在阅读中感悟传统文化的魅力。与此同时,国家大力推广的公共电子阅览室或数字图书馆等优秀资源也能成为高校教育平台和教育载体,面向所有学生进行内容的宣传和引导。诸如此类的内容相比于传统课堂的平面知识内容,更加体现出教育资源的立体化和动态化,吸引广大学生的目光。此外,高校教育工作者一方面要提升自身的思想政治素质,强化多媒体知识和技术的学习,另一方面要保障自身在新媒体和网络层面的教育水平,能够真正和学生打成一片,想学生所想。

(四)重视文化建设工作

文化建设工作可以从两个方面展开,一是基于校园文化来营造传统思想政治工作和传统文化的融合氛围,二是社会文化氛围的支持至关重要。

1. 营造校园文化氛围

一方面，将优秀的传统文化融入校园人文环境建设的方方面面。例如：将人与自然和谐发展的环保理念融入校园景观设计中；弘扬社会主义核心价值观，每个教室都张贴海报，教学区摆放文人画像或雕像，让整个教学区都可以感受到优秀的传统文化；还可以将当地的大学传统文化理念、校园办学理念、校训等精神内涵与优秀的传统文化、校园的教育氛围相结合。另一方面，根据校园现状，定期或不定期开展校园优秀传统文化主题活动，发挥校园文化的育人作用。例如，可以邀请专家学者举办传统文化知识讲座，与学生直接进行交流和探讨。

2. 社会文化氛围的支持

需要从社会角度出发，推动传统优秀文化融入高校思想政治教育的大环境。中国是具有悠久历史的文明古国，需要让学生了解到中华民族的发展历史，以此展开潜移默化的思想政治工作。近年来很多纪录片或文博类节目进入了人们的视野，如《舌尖上的中国》就介绍了中国的传统地域文化和美食，《经典咏流传》节目将中国传统诗词以现代歌曲的方式进行了新的演绎，《国家宝藏》则重点介绍了中国博物馆当中的很多珍贵藏品。诸如此类的文化宣传形式都能够吸引学生的目光，其既在全社会范围内推动人民群众传统文化修养的提升，也让高校学生有着更多的思想政治教育途径，而学校可以充分利用社会文化氛围优势，把握实践活动和传统活动的载体功能。

（五）丰富思想政治教育教学媒介

首先，信息时代背景下，高校应充分利用新媒体优势，打造互联网新平台。高校可积极引导思想政治理论课教师开设公共网络课程，将中华优秀传统文化嵌入思想政治理论课中。高校还可以定期在官网、微博等平台上发布与中华优秀传统文化相关的经典文章或励志名言，增强学生对中华优秀传统文化的认知。此外，还可以利用网络平台开展以中华优秀传统文化为主题的在线教育活动，采用创新的教育模式吸引学生自主加入，提高学生自主学习的积极性。

参考文献

[1] 朱轶.互联网时代高校思想政治教育模式创新研究[J].福建轻纺,2021(11):60-62.

[2] 雷元媛.思政教育视角下高校学生管理水平的提升策略探究[J].现代交际,2019(12):193+192.

[3] 胡琪.互联网新时代工匠精神中的思政内涵[J].数据,2021(11):187-189.

[4] 陈浩.互联网背景下心理健康教育在大学生思政教育工作中的应用研究[J].数据,2021(11):116-118.

[5] 石晓会,李明珠.高校思政课线上线下混合教学模式研究[J].金华职业技术学院学报,2021,21(06):25-30.

[6] 王少豪."互联网+"时代下高职课程思政教学改革[J].延安职业技术学院学报,2021,35(05):47-51.

[7] 陈伟芝.基于"互联网+课程思政"的国际经济与贸易专业人才培养模式研究[J].黑龙江教育(理论与实践),2021(10):19-20.

[8] 吕健,刘素娟.学校家庭社会协同育人机制构建路径探析[J].中共济南市委党校学报,2021(03):85-91.

[9] 徐爽.高校思想政治教育协同育人机制探讨[J].作家天地,2021(17):144-145.

[10] 吴龙玲,姚继昌.高校学生社团管理与思政教育良性互动研究[J].现代商贸工业,2019,40(23):137-138.

[11] 王茹."三全育人"理念下高校第二课堂与第一课堂的协同育人路径探索[J].高校共青团研究,2020(Z2):237-241.

[12] 何秋霞.高校思想政治教育与党建工作协同育人研究[J].内蒙古财经大学学报,2021,19(02):31-33.

[13] 张勇,郭亚玲,李琳.新时代高校党建工作与思想政治教育协同育人模

式研究[J].河北北方学院学报（社会科学版），2021，37（01）：93-95.

[14] 欧阳娟蓉.优秀传统文化在大学生思想政治教育中的价值实现[J].文教资料，2021（02）：46-47+66.

[15] 佘双好.中华优秀传统文化与思想政治理论课教学[J].理论与改革，2021（01）：30-35.

[16] 冉启兰.传统文化视角下高校思想政治教育创新路径研究[J].中学政治教学参考，2021（01）：86.

[17] 王微.新时期中国传统文化与高校思想政治教育的融合路径分析[J].吉林教育，2021（Z2）：51-52.

[18] 李瑛.中华优秀传统文化与大学生思想政治教育的融合研究[J].科学咨询（教育科研），2021（01）：50-51.

[19] 李静.传统文化在大学生思想政治教育中的价值探究[J].知识文库，2021（01）：191+193.

[20] 曹士波.浅谈传统文化对大学生思想政治教育的价值[J].文教资料，2021（01）：78-79+120.

[21] 朱莉.人才评价体系改革促进高校教师思想政治工作发展探析[J].知识经济，2020（21）：176-177.

[22] 王敏.新高考评价体系下的政治选科与学生职业生涯规划[J].大连教育学院学报，2020，36（02）：37-39.

[23] 刘芳.关于高校思想政治理论课网格化教学评价体系的相关探讨[J].汉字文化，2020（07）：147-149.

[24] 孙栋，丁铁锋.高职院校思想政治理论课教学体系评价机制[J].时代报告，2020（03）：174-175.

[25] 欧阳慕岚，薛田甜.应用型高校经管类专业"课程思政"建设路径与评价体系研究[J].营销界，2020（07）：114-115.

[26] 牛传允.分析高校思政工作与学生管理工作的结合路径[J].课程教育研究，2019（32）：76.

[27] 彭青松.基于思政教育模式下高校学生管理水平的提升[J].农家参谋，2019（15）：214.

[28] 李兰.新时期高校学生思政教育管理的新模式[J].科技风，2019（21）：35.

[29] 杨喜冬.试论高校思政课与学生工作的人才培养有机结合[J].劳动保障

世界，2019（21）：50-51.

[30] 王博.高校学生管理与思政教育工作的融合发展思考[J].智库时代，2019（32）：86-87.